まえがき

現在の世界的な異常気象は、人類が産業革命以来、生産力を驚くべき速さと規模で発展させ地球環境を破壊してきた結果であることは論をまたない。今回のコロナ禍についても、人間の過剰消費が動物の生息環境を破壊し、ウイルスを生む要因となったと多くの識者が指摘している。

「われわれ人間が自然にたいしてかちとった勝利にあまり得意になりすぎることはやめよう。そうした勝利のたびごとに、自然はわれわれに復讐する」（『自然の弁証法』）

こういったのはエンゲルスである。日本で公害が激しくなった一九六〇年代、七〇年代に、この言葉を引用してマルクス主義の先駆性を強調したものであった。そして近年、マルクスはもともと「エコロジスト」であったという主張が広がっている。こう発想することは貴重であり共感する。一日も早く地球環境破壊を阻止する措置が世界各国でとられることを望むし、またそうすることがあたりまえになる「新しい社会システム」をつくりたいと思う。

このことを前提にしたうえでのことだが、「生産力の発展」を起動力として人類社会は高次な形態に発展していくとするのがマルクスの史的唯物論の根本であり、それを定式化したのがマルクスの『経済学批判　序言』（以下、『序言』と略記する場合がある）である。マルクスの社会発展の理論（史的唯物論）の核心は「生産力の発展」にある。これをどうするのか、その検討がどうしても必要である。

『序言』こそマルクスをマルクスにした二大理論の一つの結晶（もう一つは剰余価値理論）である。マルクスの最大の著書『資本論』は、『序言』の正しさを理論的に実証しようとしたものである。したがって「生産力の発展」という経済的基礎と地球との共存が矛盾するようになってきている以上、問題は二つに一つである。『序言』を破棄するか、それとも『序言』を現代的に再吟味し、人間社会の発展について新しい価値観と理論を提起するかである。

「生産力」とは何か

この問題を考えるうえで、私は「生産力」とは何かという根本問題を考え直す必要があると思っている。生産力とは普通、常識的に〝人間が労働手段を使って自然に働きかけ有用な物質的財貨をつくりだす諸力〟と規定されている。また生産性とは〝単位労働時間にどれだけ多くの有用物をつくりだすかの度合〟をいうと規定されている。こうした常識を踏襲したままで、果たして現代が提起している地球大の問題に対処できるのだろうかと思う。常識を覆すような思考も必要ではないかと思っている。

私はこの問題意識をかなり以前からもっていたが、二〇一八年にこの課題を本格的に追求する必要性を痛感する機会があった。同年一〇月に不破哲三氏は連載論文「『資本論』のなかの未来社会論」の発表を開始したのだが（第一回 雑誌『前衛』同年一〇月号）、そのなかで帝政時代のロシアの経済学者・カウフマンが『資本論』を好意的に評価する書評を書き、マルクスが喜んだ模様が描かれている。これをきっかけに、私の知人がそのカウフマン書評全文の日本語訳（雑誌『経済』一九六七年五月号に掲載）のコピーを送ってきてくれたのである。一読してすぐ気がついたのは、史的唯物論に関する有名な『序言』の定式化の訳が、日本で一般化している訳と違っていることであった。日本語訳で「生産力」あるいは「生産諸力」と訳されているところが「生産性」となっている。生産関係は生産力の発展段階に照応するのではなく、「生産性の発展段階に照応する」といった具合である。『序言』の後半部分にある「生産諸力」はそのまま「生産諸力」となっているので、誤訳というのではなく意識的にそう使い分けている。

私はさっそくロシア語の原文を入手することに努め、書評とそれが載った雑誌の一部を手に入れることができた。カウフマン、イラリオン・イグナチェヴィッチ（一八四八年—一九一六年）

はマルクス主義者ではない。ペテルブルグ大学の統計学の教授であり、貨幣流通、金融、信用の分野の専門家であった。しかし一八七二年に『資本論』第一巻のロシア語訳が出版されると、当時リベラルな雑誌であった『ヨーロッパ通信』の同年第五号の「新刊本」案内欄に、『資本論』の科学的価値を評価する長い書評「カール・マルクスの経済学批判の見地」を書いた。それを読むと確かにロシア語でも「生産諸力」は「生産性」となっている。

そこで当時、これらの用語がどう使われていたのかを調べてみて驚いたのは、レーニンも二四歳のときの大著『「人民の友」とはなにか、そして彼らはどのように社会民主主義者とたたかっているか?』(一八九四年)において、『序言』を引用する際、「生産諸力」ではなく「生産性」としていることである(ロシア語版『レーニン全集』第四版参照)。これはどうしたことかと真剣に考え始めた。

ところがさらに驚いたのは、日本語訳『レーニン全集』(第四版が底本)の『「人民の友」とはなにか』では、「生産性」を「生産力」と訳し戻してあることである。なぜこのようなことが起こったのであろうか。訳語の問題としても十分検討しなければならないが、そもそも「生産力」とは何かを本格的に考えてみなければならないと思った。

社会変革の道筋とは

「生産力」が社会発展の起動力であるのと、「生産性」が起動力であるのとでは、社会発展の道筋に違いがでてくる。もちろん、マルクスが「生産諸力」とせず「生産性」としていれば世界の歴史が変っていたであろう、などというつもりはない。生きた事実こそがいかなる理論よりも上位に位置する。またマルクス後の世界の左翼勢力がこれを「生産性」と訳していれば、各国の変革の運動が違った展開をしたであろうとも思わない。

しかし、今日の時代において従来どおりの『序言』の読み方をつづけていけばどうなるかについては、本格的検討を必要としていると思う。また、そもそもマルクス自身が生産力と生産性との関係についてこれまで常識的にいわれてきたような理解をしていたのか、あるいはそうではなかったのかも研究する必要がある。私自身は、『序言』の生産力という言葉を生産性と読むのが適切ではないかと考えるようになったのだが、それはこれが訳語という言語上の問題にとどまらず、今日の社会変革の道筋にかかわる問題であると認識したからである。この問題意識の本格的検討の必要性を強く感じ、本書の執筆を決心した次第である。

本書は次の構成により、提起した諸問題に答えをだそうと試みるものである。

第一に『序言』を訳語問題の角度から検討してみる。マルクスが生産力と生産性について何を考えていたか、何かの新しい発見があるはずである。この検討を通じて、これからは『序言』の「生産諸力」を「生産性」と読むのが適切であることを明らかにする。また、日本でなぜレーニン訳が、もともとの「生産性」から「生産諸力」へと変ったのかを検討する。これは訓詁学としてではなく今日的課題を検討していくうえで重要な問題を含んでいるからである。日本のマルクス主義の陣営においても、スターリンを糾弾しつつ、生産力と生産関係の問題については、スターリンの史的唯物論の尾を引きずる傾向がいまでもみられるからである。

第二に以上のことが現代にもつ意味を論じる。いま地球環境の破壊が進むなかで、しばしば「脱成長論」が説かれている。これを「生産力」視点からではなく「生産性」からみるとどういう新しい意味をもつかを検討する。またＡＩ（人工知能）時代の到来といわれるが、ＡＩが各分野で導入されれば未曾有の失業者がでることが各方面から指摘されている。そのときがくれば反対闘争をするというのではあまりにも受け身的すぎる。ＡＩのもつ積極的側面を正確に評価しつつ、科学技術の進歩にどう対峙するかを探究していかなければ、変革の主体を形成することはできない。変革の主体はこれからの社会の価値観がどこにあるかを認識しながら形成されていくものである。『序言』の再吟味と『資本論』によって得られる新しい価値観を提示し、「新しい社会システム」を探究する。これが本書の主要な内容である。

なお変革の主体形成の問題は理論的にもきわめて難しい問題であるので、その関連でドイツの思想家であるユルゲン・ハーバーマスの議論をとりあげ補論で検討することにした。ハーバーマスは大きな影響力をもち高校の教科書にもでてくる。学問の世界は別として、政治諸勢力のなかではこれまであまり検討されずにきたので、「遅ればせのハーバーマス論」と題する補論をおいた。

また付録としてカウフマン訳の『序言』の核心部分を収録した。これは雑誌『経済』に掲載されたものではなく、私自身が直接『ヨーロッパ通信』から訳出したものである。本文中に「カウフマン訳」とあるのは、彼がロシア語に訳したものを私が日本語にしたものである。なおカウフマンは書評の文中で訳しているので抄訳となっているが、肝心なところは訳出されていることも付け加えておく。

出版にあたっては「かもがわ出版」の編集主幹である松竹伸幸氏からいつもながら貴重な助言をいただき感謝している。また数名の学者の方々に原稿を読んでいただき、それぞれから重要なご意見が寄せられた。本来ならお名前・大学名を記すべきところであるが煩雑になるので割愛させていただくが、心からお礼を申し上げたい。

もくじ

マルクスの「生産力」概念を捉え直す

社会変革の新しい道筋のために

序章
マルクス『経済学批判　序言』の訳語問題

本書の出発点としてまずはじめに、カウフマンがマルクスの『経済学批判 序言』を、どのようにロシア語に訳しているかをみてみよう。書評全文は先述のとおり雑誌『経済』の一九六七年五月号に掲載されたが、特別の反響があったわけではないようである。近年になって二、三の学者が大学の「紀要」のなかで触れているが、カウフマンがマルクスは弁証法にもとづく正確な科学的研究によって社会発展の必然性を解明していると述べた部分を、マルクスが『資本論』の「あと書き」でかなり長く引用しているところを取り上げ、それに論評を加えたものであり、『序言』の訳語を問題にしているわけではない。

カウフマンの訳語

マルクスは『序言』で史的唯物論を定式化するにあたり、その冒頭部分で「人間は、……彼らの物質的生産諸力の一定の発展段階に対応する生産諸関係にはいる」(『全集』⑬六ページ)と述べている。カウフマン訳は次のようになっている(引用文中の傍線は引用者)。

「人びとは、一定の相互関係、すなわち生産諸関係に立たざるをえない。この生産諸関係は、つねに生産諸関係がそのときもっている経済諸力の生産性の一定の発展段階に照応する」

続いてマルクスが「社会の物質的生産諸力は、その発展のある段階で、それらがそれまでその内部で運動してきた既存の生産諸関係と、あるいはその法律的表現にすぎないものである所有諸関係と矛盾するようになる。これらの諸関係は、生産諸力の発展形態からその桎梏に一変する。そのときに社会革命の時期が始まる」（同右）といっている部分は……

「しかし生産性の発展の一定の段階で諸力は人びと相互の生産諸関係と衝突するようになる。その結果、諸力は生産諸関係の法律的表現であるところの、すなわち所有諸様式に奉仕することと矛盾し始める。そのとき生産諸関係は生産性に照応することをやめ、それを圧迫し始める。ここから――社会変革の時期が生まれる」

マルクスが変革の時期は個人の意識によって判断することはできず、「物質的生活の諸矛盾から、社会的生産諸力と生産諸関係との間に現存する衝突から説明しなければならない」といっているところは（同右、七ページ）……

「反対にその自己意識は物質的生活の諸矛盾から、また生産諸条件と生産性の諸条件とのあいだの衝突から説明しなければならない」

このあとマルクスは「生産諸力」が一つの社会構成体のなかで発展しつくすまでは、次の新しい生産諸関係は生まれないとしているが（同右）、カウフマンはそこでは「生産性」ではなく「生産諸力」と訳している。

「一つの社会構成体は、発展の余地を十分あたえられている生産諸力がすべて発展しきる以前にけっして滅亡するものではない。新しい生産諸関係は、その存在の物質的諸条件が古い社会によって完全につくりだされていないあいだは、けっして古いものにかわって生まれることはない」

マルクスが定式化の最後の部分で「ブルジョア社会の胎内で発展しつつある生産諸力は、同時にこの敵対の解決のための物質的諸条件をつくりだす」(同右)といっているところも、やはり「生産諸力」とそのまま訳している。

「ブルジョア社会そのものの内部で発展しつつある生産諸力は、この敵対を除去するための物質的諸条件をつくりだす」

マルクスはこのあと周知のように「したがってこの社会構成体(ブルジョア社会のこと――引用者)をもって人間社会の前史は終わる」と述べ史的唯物論の定式化の結びとしている。カウフマンはここは訳出していない(当時の検閲を考慮したものと思われる)。

日本語訳におけるレーニン

カウフマンの訳は以上のとおりである。それをレーニンの『「人民の友」とはなにか』におけるレーニン訳と照合してみると（双方ともロシア語で）、「生産性」のところだけではなく、文章そのものがカウフマン訳と一語も違わないまったく同一のものであることが分かった。レーニンはドイツ語も堪能であったが、カウフマンの書評が載った『ヨーロッパ通信』の当該号を読んだと書いている（『全集』①一六二ページ）。レーニンはどういう事情があったか知らないが、マルクスからではなくカウフマンから引用している。

ところが一九五三年から発行された日本語訳『レーニン全集』は、レーニンが「生産性」としているところをすべて「生産力」と訳し変えている。文章そのものも現在定番となっている『序言』の文章にほぼすっかり変えている（同右、一三一―一三二ページ）。スターリンは『レーニン全集』を原文どおりに出版させている。当時『レーニン全集』を訳した翻訳陣のなかでどういう議論があったのか、いまでは知るよしもないが、これは意識的な変更である。なぜそうしたのであろうか。

マルクスの原文は？

次に問題になるのは当然マルクス自身のことである。『序言』の原文はどうなっているのだろうか。原文をみると問題の箇所はすべて複数形の「生産諸力」（Produktivkräfte）となっている。それではカウフマンもレーニンも誤っていることになる。

ところが問題はそう簡単ではない。理由は二つある。一つは複数形と単数形の問題である（単数は、Produktivkarft）。日本語は複数と単数の違いが極めて曖昧であり、一般的には日本人はこの違いをたいして気にしない。しかしドイツ語では違いがある（ヨーロッパ語はすべてそうかもしれない）。「生産諸力」という複数形と「生産力」という単数形では、意味に違いがあるということなのである。

もう一つはカウフマン訳をよく検討すると、生産諸関係と対応させているところは「生産性」とし、「社会構成体」すなわち社会全体を論じているところでは「生産諸力」と訳している。これは訳語を越えた内容的問題である。カウフマン訳はなかなか深い考えをもってこう訳し分けたのかも知れない。

レーニンは一九一四年に『カール・マルクス』を書いたとき、再び『序言』を引用しているが、そこでは「生産諸力」と訳している。おそらくそれまでにレーニンはマルクスを原文で読んだものと思われる。しかし、訳語の問題とは無関係のことであるが、「社会構成体」との関連で生産力を論じた『序言』の後半部分は、『人民の友』でも『カール・マルクス』でもすべて割愛して訳出していない。これも一種の謎ではある。

訳語に関する私の問題提起は以上のようなものである。

第一章
日本語の曖昧さがもたらした大きな問題

これから本論に入るが、まずは複数形と単数形の問題をみてみよう。『序言』を日本で部分的ではあるが最初に紹介したのは、戦前の有名なマルクス主義経済学者・河上肇の『貧乏物語』である。これは河上が京都帝国大学教授であった一九一六年（大正五年）に『大阪朝日新聞』に連載したものであり、極めて大きな反響を呼んだ。洛陽の紙価を高めた『貧乏物語』に続いて河上は一九二九年（昭和四年）に雑誌『改造』に『第二貧乏物語』を連載した。このなかで河上は複数形と単数形の違いを厳しく指摘している。

1、河上肇の厳格さ——複数形と単数形の問題

「生産諸力」と「生産性」の違いの指摘

「マルクス主義の文献においてわれわれはしばしば『社会の生産諸力』および『労働の生産力』なる言葉に出遭う。しかも単数および複数の区別を明確にしがたき日本語においては、前者も後者もしばしば一様に『生産力』と呼ばれる。だがこれら二つのものは、これをはっきり区別せねばならぬ」（『第二貧乏物語』新日本出版社 以下、同じ）

河上はこう述べて「社会の生産諸力」（複数）を「使用価値（有用物、財、富）の生産に役立つ

ものとして一定の社会に属しているもろもろの力の総称」であると規定している。したがってそれは複数形になる。

こう説明したあと河上は、人間が自然に働きかけ有用物を生産するためには、「いつでも人間の労働を媒介とする」ので「生産諸力の発展は、原則として、社会的労働の生産力（生産能力、生産性）となって現われる」と続けている。ここから「労働の生産力」（単数）とは「生産能力」、「生産性」のことであるとしている。

河上は「この二つの概念を混同せざることは、マルクス主義の文献を、正当に理解するための一条件である」と述べている。そして「生産諸力」が社会形態の運動（その成立、発展、没落）の「根本動力」であり、「生産性」は「生産諸力の発展程度の指数にすぎない」と述べている。

要約すれば第一に生産力は複数形では、人間にとって必要な有用物を生産するために当該社会が持っている「もろもろの力」の総和であり、単数形では生産性を意味する。第二にこれを社会発展の視角からみれば、前者はその「根本的な力」であり、後者はその力を表す「指数」にすぎないということである。

第二の点については疑問をもつが、第一の複数形と単数形で意味に違いがあるとする河上の指摘は極めて重要であり、日本人に突きつけられた鋭い問題提起である。日本語の曖昧さは重大である。

河上の紹介の後、今日までに『序言』の訳書は一〇点近くでているが、みな複数（生産諸力）でとおすか単数（生産力）でとおすか、どちらかに統一している。複数、単数の違いを意識しつつも訳しようがないためと思うが、河上の指摘からすれば大いに問題である。

河上の「生産諸力」と「生産性」の内容

それでは生産諸力すなわち「もろもろの力」とは具体的には何なのであろうか。河上は図解入りで次のように説明している。人間によって占有された自然力（水力、風力等）、自然力としての人間（労働者の数、その体質、等々）、社会力としての人間（労働の社会的組織、等々。革命的階級、等々）、人間の物質的生産物（生産手段――原料、道具、機械、等々）、人間の精神的生産物（科学）。これらが生産諸力の具体的内容である。

それでは生産性とは何か。ここからは先述したように河上にたいする疑問が生まれる。河上によれば単数形の「生産力」は「生産性」のことであるが（これは極めて重要な指摘）、「生産性」そのものは「生産諸力の発展程度の指数」であるという。何故なのか。しかとした説明はない。また社会形態を動かす「根本動力」は生産諸力であり生産性ではない、とどうして言い切れるのか。再度くりかえせば河上が複数形・単数形を厳密に区別しなければならないと主張した意義は大きい。しかし具体的問題に入ると、ことはなかなか複雑である。

カウフマンは、マルクスの叙述の難しさは「一つの理念」が述べられているときはいいのだが、それを「つねに現象」に立ち返る弁証法にもとづいて叙述するので、「引証された事実」を論じているときがきわめて「難解」であると述べている。もっともな指摘であると思う。河上は「生産諸力」概念から出発し「生産性」へと進んだが、その具体的問題に立ち返ると難しいことになった。そこで河上とは違う別の見解をみてみよう。

2、「生産力」、「生産性」についての様々な見解

戦前・戦後をとおして活躍したマルクス主義経済学者でヘーゲル研究者でもある見田石介氏（大阪市立大学）は、『経済学辞典』（岩波書店　一九六五年）の「生産力」の項目を担当し、次のように規定している。見田も河上と同様に複数と単数の違いを峻別するが、河上より生産性を重視している。

「生産力（Produktivkraft）」＝「労働の生産性を規定する主体的・客体的な諸力、あるいは

労働の生産性そのもの、すなわち単位労働時間に一定の使用価値のどれだけが生産されるかの度合いをいう。マルクスはこの言葉を複数形では前者の意味に、単数形では両方の意味で用いていた。労働の生産諸力と生産性の発展の程度は、人類の自然征服の程度、社会進歩の程度の基本的な尺度である」

見田も「生産力」は単数形の場合は「生産性」を表すこともあるとしている（この点はしっかりと確認しておきたい）。しかし河上との違いもある。最も大きな違いは、生産諸力も生産性も自然の征服、社会進歩を促すとしていることである。河上にとっては「生産性」は生産諸力の発展の「指数」にすぎなかった。見田は生産力の複数形すなわち生産諸力（主体的・客体的な諸力）が生産性を「規定」するとしている。それが河上がいう「指数」ということなのかどうかよく分らないが、全体としては見田は生産性を河上より重視しているといえる。

ここで当然、単数・複数の使い分けを言語学的にはどう理解するのかを検討する必要性が生まれる。しかしそれをここで述べると他の貴重な見地の紹介が遅れるので、あとでみることにする。

複数形を基礎概念とする意見

マルクス主義経済学者であり、面白いことに百人一首の研究者でもある林直道氏（大阪市立大学は、「生産力」は「生産性」を意味することがあるが、史的唯物論の基礎概念としては複数形の「生産諸力」が一般的であると主張している。氏は生産力について「労働過程において人間は自然界に働きかけて、必要な物質を生産するのであるが、この自然を改造し支配するために人間が獲得している諸力を『生産力』という」と定義している。続けて「『生産力』には、このほか、『労働の生産力』というふうに、単位労働量によってつくりだす生産物の分量で示される『労働の生産性』と同じ意味でつかわれる場合もある」としている。しかし訳語としては「史的唯物論の基本概念としての生産力とは、自然を変革するために人間が達成し獲得している社会的諸力そのものをさしており、したがってこれらは『生産諸力』という複数形で書かれているのが普通である」としている（『史的唯物論と経済学』大月書店　一九七一年）。

林も生産力と生産性とが同じ意味である場合があるとしながら、史的唯物論の基礎概念を表す場合の訳語としては「生産諸力」とするのが「普通」であるとしている。「普通」ということは、「でなければならない」ということではないということにもなる。

個別問題としての意見

歴史家でイギリス近代史の専門家である浜林正夫氏（一橋大学）は、生産力とは人間が労働によって生活に必要なものをつくりだしていく「能力」であると規定しつつ、同時に「生産性」の要素である「技術」も「生産力の一つの構成要素」ととらえるべきであるとして、個別的には技術についいては生産力と生産性を同一のものとして捉えている（『現代と史的唯物論』大月書店一九八四年）。

マルクス経済学者で数理経済を専門とする置塩信雄氏（神戸大学）は、人間が存続していくためには自然を「能動的に制御」できなければならず、人間の自然にたいする「制御能力を人間の生産力という」と規定している。生産性の問題については剰余生産物を生産できる程度に生産性が高まった段階で支配階級が生まれたとして、別の角度の問題としている（『現代資本主義と経済学』岩波書店一九八六年）。

社会思想史家でドイツ社会思想史の専門家である黒滝正昭氏（宮城学院女子大学）は、氏自身の考えとして、史的唯物論の基礎概念は「生産諸力」とするのが正確であるとしながらも、マルクスは生産力の単数形・複数形の「差異」について「説明を与えていない」として、『資本論』から八例を列挙しそれぞれに説明を加えている。生産性を規定する諸要因の総体を表現するときは「生産諸力」といい、一要因をいうときは「生産力」としている。しかし社会全体を「概括」していう場合と、「一工場」、「一産業部門」についていう場合に表現の違いがあるとも指摘している。結論としてマルクスは「非常に具体的に、多種多様な要因を分析しており」、それらを抽象的に「概括する志向」はなかったと思われるとしている（『史的唯物論と現代』第二巻　青木書店　一九七七年）。

生産性を否定的概念とする意見

最後に『社会科学総合辞典』（新日本出版社　一九九二年）をみてみよう。同辞典の特徴は生産諸力を史的唯物論の基礎概念としつつ、「生産性」を否定的概念として扱っていることである。同辞典だけではなく「生産性」の向上は労働強化・搾取強化を意味するものとして否定的に捉える向きがかなりあることは事実である。

『辞典』はまず、生産力について次のように述べている。

「人間は自然界に働きかけて必要な物質的財貨を生産するが、自然を変革し、加工し、財貨を生産するために人間が獲得している諸力を生産力という。生産諸力と複数形でもちいられることも多い。生産力を構成するのは、人間の労働力、および労働をくわえて自然界からとりだされた生産手段（労働対象と労働手段）である。自然物は人間と結合されなければ生産力とはならない。その意味で、生産力のなかで決定的意義をもつのは主体的な力としての人間それ自身である」

複数形と単数形とでの意味内容の区別はない。また「生産性」の項目そのものがない。後者については「生産性基準原理」と「『生産性向上』運動」という項目があり、大要次のように書かれている。「日本経営者団体連盟（日経連）が提唱し、右翼的労働組合もそれに追随し、独占資本による賃金抑制の強力な『理論』的武器とされてきた」ものであり、また「『合理化運動』の主要な形態である」。

このように日本のマルクス主義者の間にも「生産力」と「生産性」について様々な意見がある。それでも大きく纏めてみると次のことはいえる。

①複数形と単数形とでは意味に違いがあること。

②単数形の「生産力」と「生産性」とは同じ意味である場合があること。

③社会全体との関連でみると史的唯物論の基礎概念としては「生産諸力」をとるのが「普通」であること。

3、「大いなる意訳」――訳語問題の暫定的結論

以上の検討をふまえると、これまでのところで、『序言』のカウフマン訳、レーニン訳について、暫定的ではあるが次のようにいえるのではなかろうか。

本書の序章でみたように、マルクスは『序言』では「生産力」をすべて複数形で表現しているので、カウフマン訳、レーニン訳はマルクスと一致しない。ロシア語には明々白々とした「生産性」という言葉があり、両者ともそれを使っているので、マルクスとの不一致は疑問の余地がない。しかし、みてきたように「生産力」は「生産性」のことでもあり、誤訳と断じることはできない。「生産力」の用語に関して、二人ともかなり「大きな意訳」をしたのだと暫定的に考える。なにせこれは、昭和期の日本においてすら、河上は生産諸力を図解入りで説明しないと理解できない用語だと考えていたのである。『資本論』がロシアで翻訳出版された一八七〇年代初頭、すなわち日本の明治維新ころのロシアの状況も、似たようなものであったと思われる。現代においてもいろいろな意見があることをみれば、当時はよけいにおいておやということになる。

先に述べたとおりカウフマンは、マルクスの叙述は弁証法的できわめて難解であるとしたうえで、「観念の発展にかんするドイツ的曲芸になれていないロシアの読者は、マルクスを完全に会得するためには、自分でまずそれをわかりやすいことばに翻訳しなければならない」と書いている。ドイツではロシアと違って哲学的伝統があり、カントからヘーゲルへ、そしてフォイエルバッハへと次々変化するドイツ哲学の様相を、カウフマンは「曲芸」と呼んだのだと思う。カウフマンは、マルクスは「古いものはすべて学びとった読者」すなわち「新しいものを学ぼうとのぞんでいる読者」を予定して書いているので、文章が難しくなり、まずは自分で分かる言葉にしてマルクスを理解する必要があると述べている。これはなかなか見識のある重要な指摘である。

エンゲルスも『資本論』について似たようなことをいっている。これまでの「経済学は、概して、商業生活や工業生活の諸用語をそっくりそのまま取ってきて、それを運用することで満足してきた」が、マルクスにあっては「科学上の新しい見地」を述べなければならないため、資本主義的生産様式を「不滅で究極的なものと見る著述家たちの慣用する用語とは、異なった用語を用いなければならなかった」ので難解であるのは確かだと述べているのである（『資本論』英語版への序言 新日本新書版①四一、四二ページ）。

マルクス主義の形成と発展の研究で著名な服部文男氏（東北大学）は、カウフマンには言及していないが、レーニン訳について「かなり思いきった意訳」とし、誤訳ではないという見地を表明している（『マルクス主義の発展』青木書店 一九八五年）。また黒滝の研究によると、『資本論』の英語版では、Produktivkräfte すなわち「生産諸力」が、「Produktiveness」（生産性）と訳されている場合が「圧倒的に多い」とのことである（前掲書）。「Produktiveness」という用語は英語として馴染みが薄いが、ソ連時代に発行されていた英語版では確かにそうなっている（「プログレス出版所」英訳『資本論』）。

なお私は、プリンストン大学のジョージ・ケイティブ名誉教授の論文「技術と哲学」を読んでいたら、次のような文章にであった。マルクスは「一つの経済システムから別の経済システムへの弁証法的な変化にしても、その暴力性やドラマにもかかわらず、（それを）生産性の増大という着実な変化の物語」にしている（『哲学・社会・環境』収録 日本経済評論社 二〇一〇年）。

第二章
マルクスの「生産力」、「生産性」は何を意味するか

ここからいよいよマルクス自身の用語法を検討することにする。『資本論』でそれを検討するのがもっとも適切であろう。しかし率直にいって極めて複雑である。したがってよく区分けをしてみてみる必要性がある。河上も林も史的唯物論の基礎概念は「生産諸力」（複数）であるとした。この問題からみていこう（原文に忠実に複数形と単数形とを訳し分けている新日本新書版『資本論』にもとづいてみてみる）。

1、史的唯物論の基礎概念をめぐって

確かにマルクスは、『資本論』において、資本主義的生産様式から新しいより高い形態に移行する場合、「生産諸力」を使っている。いくつか例をあげてみよう。

「社会的労働の生産諸力の発展は、資本の歴史的任務であり、……資本は無意識のうちにより高度な生産形態の物質的諸条件をつくりだす」（⑨四四二ページ）

また当時、資本家のいない労働者の協同組合工場をマルクスは高く評価しており、それは新社会の生産形態であるとして次のように述べている。

「これらの工場は、物質的生産諸力の、およびこれに照応する社会的生産諸形態の一定の発

展段階においては、いかにしてある生産様式から新たな生産様式が自然に発展し形成されるかを示す」（⑩七六四ページ）

信用制度も新しい生産形態の物質的基礎になるとして、次のように述べている。

「信用制度は、生産諸力の物質的発展および世界市場の創出を促進するのであり、これらのものを、新たな生産形態の物質的基礎としてある程度の高さにまでつくりあげることは、資本主義的生産様式の歴史的任務である」（⑩七六五ページ）

『資本論』の最後に近いところで、資本主義的生産様式もそれ以前のものと同様に歴史の「一段階」にすぎないものだとしているが、そこでは次のように述べている。

「資本主義的生産様式の科学的分析は、逆に次のことを証明する。すなわち、資本主義的生産様式は、特殊な種類の、独自な歴史的規定性をもつ生産様式であること。この生産様式は、他のすべての特定の生産様式と同じように、社会的生産諸力とその発展諸形態との与えられた一段階を、自己の歴史的条件として前提しているのであり、この条件自体は……新たな生産様式が自己に与えられた基礎としてのそこから出発する、ということ」（⑬一五三六―一五三七ページ）

これらの例は『序言』における表現が「生産諸力」となっていたことと一致する。したがって

「生産諸力」がこれまでの史的唯物論の基礎概念であることを否定しない。

しかし問題は、本書の「まえがき」で述べたように、生産諸力の一層の発展が人間が住む地球の環境保全と両立しなくなっている現代では、マルクスの定式化を確認してみても、それではすまないということである。『序言』を現代に合ったように読みかえる必要がある。そのことは「史的唯物論」の、したがってマルクスの否定となるのだろうか。私はそうは思わない。「生産力」あるいは「生産性」についてのマルクスの根本的把握がどのようなものであったのかを立ち入って検討するならば、そのことが明らかになるであろう。

2、言語学的見地からみた単数形と複数形

そのためにはまずは言語学的に、英語、ドイツ語など欧米の言語は複数、単数をどう使い分けるのかを検討しなければならない。複数形と単数形では意味に違いがあることは述べてきたが、その言語学的検討が必要であろう。

端的にもっとも簡単な例を一、二あげれば、英語で単数形の「arm」は「腕」であるが、複数形の「arms」は「武器」にもなる。単数形の名詞の「good」は「善」であるが、複数形の「goods」

は「商品」である。これほどの違いがある。これとは別に意味は類似しているが、やはり単数形と複数形とで意味の違いがある例をあげてみよう。

欧米語では文法として数をかぞえることのできる名詞（可算名詞）は、常にそれが単数か複数かを明示しなければならない。例えば油は可算名詞であり、オリーブオイル、サラダオイル、天麩羅油等々の食用油がある。これらの油を一言で抽象的にいい表すときには油（oil）と単数形を使い、「oils」と複数形ではいわない。具体的に「オリーブオイル、サラダオイル、天麩羅油などの油がある」というときの油は複数形の「oils」を使う。「oils」と複数形だけでいえば、具体的な各種の食用油があることが念頭におかれている。水（water）は不可算名詞であるように思えるが、やはり水にもアルプスの水、富士山の水、フランスの水、イタリアの水等々があり可算名詞である。そこでこれを抽象的に一言でいう場合は単数形の「water」を使い、各種の水があるという場合には「waters」と複数形になる。また「waters」には海、湖、川、波、潮という意味さえある（『講談社英和・和英辞典』）。

ドイツ語も抽象度の高いものは単数形を使い、具体的に各種のものを表す場合は複数形になる。これはドイツ語の専門家に確認してもらった。例として「労働力」といえば抽象度が高いので単数形で表現し、「労働力不足」という場合は具体的に人手が不足していることなので複数形を使うとのことである。

英語にしろドイツ語にしろ、それを母国語とする国民は誰でもこれらのことを考えながら喋ったり書いたりするのではなく、ごく自然に使い分ける。日本語には複数形がないため、これは日本人にとっては一種の驚きにも似た重要点である。

日本語で複数を表そうとすれば次のようになる。①畳語形式（人々、国々、山々）、②接尾辞を使う（人たち、人ら、人ども）、③接頭辞を使う（諸問題）といった具合である（『日本語あれこれ事典』収録・佐竹秀雄執筆部分 明治書院 二〇〇四年）。

面白い例だが「読売ジャイアンツ」、「阪神タイガース」、「中日ドラゴンズ」はみな複数形であるが、広島は「広島カープ」と単数である。なぜそうなのか、言語学に強い関心をもつ文筆家も不思議に思うところである（荒木博之「日本語にはなぜ複数形がないか」雑誌『ユリイカ』一九八四年臨時増刊に収録）。私が耳学問をしたかぎりでは、初めは「Ｃａｒｐｓ」といっていたそうであるが、英語で鯉は普通、単数「Ｃａｒｐ」であり、二種類以上の鯉をさす場合にのみ複数となると指摘され、直したとのことである。おそらくアメリカ人に指摘されたものと思われる。『ランダムハウス英和辞典』で調べてみたらそのとおりであった。これほど欧米語と日本語は違う。

繰り返すが、欧米語では、あることがらを最も抽象度の高い意味で使う場合は単数になる。以上のことを念頭において、マルクスの「生産力」と「生産性」とがどのように扱われているかをみてみる。

3、『資本論』での単数形「生産力」の意味

『資本論』で最初に「生産力」という用語がでてくるのは、第一巻冒頭の「商品の二つの要因」のところである。マルクスは生産力を教科書的に規定したことはない。これが唯一規定的な、また説明的な長い文章である。マルクスは日本人なら「生産性」といっていいと思うところを「生産力」と述べている。いささか長いが出発点になるので、そのまま引用する。

「(ある一つの商品の生産に必要とされる) 労働時間は、労働の生産力 (die Produktivkraft der Arbeit) が変動するたびに、それにつれて変動する。労働の生産力は、いろいろな事情によって規定され、とりわけ、労働者の熟練の平均度、科学とその技術学的応用可能性との発展段階、生産過程の社会的結合、生産手段の規模とその作用能力によって、さらには自然諸関係によって、規定される。たとえば、同じ分量の労働でも、豊作のときには八ブッシェルの小麦に表わされ、凶作のときにはただ四ブッシェルの小麦に表わされるにすぎない」①

（六八ページ）

抽象度の高いものは単数に

河上は「労働の生産力」（単数）は「生産性」のことであるとし、見田も林も「労働の生産力」（単数）は「生産性」を意味する場合もあると述べていた。実際、この引用文をみれば「労働の生産力」と「生産性」とは違うとは読めず、同一のものとして読んでなんら差し支えないといえる。ロンドンで一九二八年に翻訳出版された『資本論』では、ここは明確に「Productivity of labour」（生産性）となっている。他の場所でも単数の「生産力」は「Productivity of labour」となっている（ロンドン、GEORGE ALLEN & UNWIN LTD.）。

もし「労働の生産諸力」（複数）となっていれば、労働者の熟練度、科学・技術の応用、生産過程の組織、生産手段の規模・能力、自然との関係という当該社会が持っている「もろもろの諸力」（河上）の総和として容易に理解できる。それがなぜ単数になっているかは、言語学上の問題でみたとおり、様々な諸要因をもっとも一般的・抽象的にいい表すときには単数になるからである。ドイツ語に「生産性」という抽象語はないのかという当然の疑問がおこるが、その点は後述する。

繰り返すことになるがマルクスのこの引用文は、ある商品を生産するために必要とされる「労働時間」は「労働の生産力」によって変動するという一般的規定づけを主眼とした文章である。「もろもろの諸力」それ自体をいいたいのなら河上がいったとおり「生産諸力」でいいわけであるが、文章の性格上、抽象度が高いため単数となった。これは日本人には不慣れなことであるが、河上が厳しく注意した極めて重要な点である。

マルクスは、第一巻第一三章のなかの「生産物への機械設備の価値移転」のところで、簡単に次のようにも述べている。

「大工業が、巨大な自然諸力と自然科学とを生産過程に合体することによって労働の生産性（を高め、）「この高められた生産力（傍線は引用者）が、他面での労働支出の増加によって……云々」（③六六九ページ）

様々な「生産性」の諸要因（自然の力、科学の力）によって高められた「生産力」というように、複数のものが抽象化される場合、単数を使っている。

両者の類似性が強い

同時に指摘したいのは言語学上のことではなく、内容的にもマルクスは「生産力」と「生産性」

の両者を極めて近いものと考えていたことである。第一巻第一〇章「相対的剰余価値の概念」のところでは、「生産力」を明らかに「生産性」を意味するものとして次のように述べている。

「ここで労働の生産力の増大と言うのは、一般に、ある商品を生産するために社会的に必要な労働時間が短縮され、したがって、より少ない分量の労働がより大きな分量の使用価値を生産する力（傍線は引用者）を獲得する導因となるような、労働過程でのある変化のことである」（③五四九―五五〇ページ）

ここでは「生産力の増大」となっているとはいえ両者はほぼ同一である。

このように類似性が強いというだけではなく、「生産力」を同時に「生産性」を意味するものとして文字通り同じに使っている場合がある。第二節「商品に表される労働の二重性」のところである。

「生産力は、もちろんつねに、有用的具体的労働の生産力であり、実際、ただ、与えられた時間内における合目的的生産的活動の作用度だけを規定する。だから、有用的労働は、その生産力の上昇または低下に正比例して、より豊かな生産物源泉ともなれば、より貧しい生産物源泉ともなる」（①七八ページ）

この「生産力」は明かに前半は有用で具体的なもの（使用価値）をつくりだす労働の力として

の「生産力」そのものを表しているが、後半は生産的活動の「作用度」を表す「生産性」を意味している。

なお『資本論草稿集』でのことであるが、生産力が複数形でも生産性と同一のものとなっている箇所がある。

「生きた労働は……資本に合体され、資本に属する活動として現われるから、労働過程がはじまるやいなや、社会的労働の生産諸力はすべて資本の生産諸力として現われる」（『資本論草稿集』Ⅵ四一〇ページ 大月書店）

労働者が剰余労働をおこなう「労働過程」に入るやいなや、労働は「資本の生産諸力」になるということである（マルクスはこれを労働者の資本への「形式的包摂」と呼んでいる）。このあとすぐ「資本の生産性とは、資本のもとへの労働の形式的包摂だけを見ても、なによりもまず、剰余労働の強制に、すなわち直接の必要を越える労働の強制にある」（同右四一一ページ）とでてくる。

「生産性」はよく、生産方法を改善し労働者を機械の付属物にするものと理解されているが（これを「実質的包摂」という）、マルクスが「生産性」も「形式的包摂」の段階でも剰余労働を強制すると述べていることは、「生産諸力」と「生産性」は表裏一体となり事実上、同じ内容のものになっているといえる。

余談になるがマルクス自身、『資本論』の『草稿』では「生産力」と書いていたところを本文では「生産性」と書き直しているところがある（⑬一三六九ページの訳注）。

以上のことからいえるのは、先に出発点として引用した長い文章は、マルクスが生産力とは生産性の諸要素から構成されるものであると考えていたのではないかと思われることである。

「生産性」そのものは？

ここで疑問がおこるのは、先述したように、それでは「生産性」のみを表す独自の用語はドイツ語にはないのかということである。あればどういう場合に使われるのであろうか。ドイツ語には「生産性」そのものを表す用語「Produktivität」がある。この意味はきわめて明瞭である。第三巻第七編「諸収入とその源泉」のところで次のように述べている。

「一定の時間に、したがってまた一定の剰余労働時間に、どれだけの使用価値が生産されるかは、労働の生産性（Produktivität）に依存する」（⑬一四三四ページ）

このような規定はいくらでも挙げることができる。第三巻の差額地代のところでは土地の生産性との関連で「生産性」という用語が無数といっていいほどでてくるが、それはすべて「Produktivität」である。ところが『資本論』に精通した専門的研究者によれば、この用語はおもに実用用語的・技術的・技能的用語として使用されることが多いとのことである。マルクスにあっては「生産力」というのは、実用用語的な、数字的に計算可能な「生産性」ではないということがいえる。

4、『資本論』での複数形「生産諸力」の意味

次に問題になるのは「生産諸力」についてである。調べてみて驚くのは『資本論』第一巻では複数形の生産諸力はあまりでてこないことである。第一巻では他人の言葉としてでてくるところはあるが、マルクス自身の言葉として初めてでてくるのは、第一巻第四編「相対的剰余価値の生産」であり、次のように述べられている。

「協業および分業から生じる生産諸力（Produktivkräfte）は、資本にはなんらの費用も費やさせない。その生産諸力は、社会的労働の自然力である」（③六六八ページ）

そのかなり先で次のように述べているところがある。

「文化の初期においては、労働の既得の生産諸力は取るに足らぬものであるが、諸欲求もまたそうであって、諸欲求は、その充足手段とともに、またその手段によって発展する」（同

右八七七ページ）

第一巻はこの程度である。第二巻にも四回ほどでてくるが、引用して検討しなければならないほどのものではない。

第三巻の「利潤率」や「三位一体的定式」のところではかなりでてくる。「利潤率」問題のところを若干拾ってみよう。

「最近の三〇年間（一八三五―一八六五年）だけでも、社会的労働の生産諸力の巨大な発展を考察するならば……」⑨三九六ページ）

「資本主義的生産様式は……生産諸力を絶対的に発展させる傾向を含んでいると同時に……」（同右四二五ページ）

また資本主義と生産諸力の発展とが衝突するようになるとして、次のようにも述べている。

「資本主義的生産が決して生産諸力の発展および富の生産のための絶対的な形態ではなく、むしろ一定の時点でこの発展と衝突するようになるということが現われる。部分的にはこの衝突は、労働者人口のあれこれの部分がこれまでどおりの就業様式では過剰になることから生じる周期的諸恐慌のうちに現われる」（同右四四九ページ）

マルクスが使い分けた理由

以上のように問題を区分けしてみてきたが、念のために同じ文章の流れのなかで複数形と単数形がどう使い分けられているかを比較しておきたい。そうするとマルクスの単数、複数の用語法の基準がよりいっそう浮かび上がってくる気がする。

マルクスは、リカードが資本主義的生産の発展をつねに重視しつつも、それが利潤率を減少させていくことに不安を感じていることを論じながら、「生産力」を一般的・抽象的に述べているところと、社会に存在する諸力として扱っているところで単数、複数を使いわけている。

「リカードが非難される点、すなわち、彼が『人間』のことは気にもかけずに、資本主義的生産の考察にあたって生産力（傍線は引用者）の発展だけを――眼中におくということ、まさにこれこそ彼の説の重要点なのである。社会的労働の生産諸力（傍線は引用者）の発展は、資本の歴史的任務であり、歴史的存在理由である。まさにそれによって、資本は無意識のうちにより高度な生産形態の物質的諸条件をつくりだす」（同右四四一―四四二ページ）

このことがリカードには分からない。

最初に単数形でてくる「生産力」は、資本主義的生産と生産力の発展との関係を「考察するにあたって」といっているように、一般的・抽象的に生産力を表現したものである。後者の「社会的労働の生産諸力」とは個人的ではなく社会的労働として社会が持っている様々な生産力、すなわちまさに河上がいう「もろもろの力」をそのまま表現している。

もう一つ端的な例をあげてみる。

「労働の社会的生産力（単数）の発展は二重に現われる。それは、第一に、すでに生産されている生産諸力（複数）の大きさに……現われる」（同右四二一ページ）

初めの文章は抽象的一般規定の文章である。後の文章は機械装備・原材料・工場といったすでに存在する具体的諸力物をさしている。

これでマルクスの使い分けがわかってくるように思われる。単数形の場合は極めて抽象度の高い表現として使われ、複数形では具体的な諸要素を具体的に表現しようとする場合に使われているということである。これは、ヨーロッパ人と日本人との違うところであるが、なぜこういう相違が生まれるかは、まさに民族的・歴史的諸条件に規定された言語上の問題であり（その研究はある）、本書の枠を大きく超えることになる。

「生産性」も含めた重要な比較

最後にこれまで検討してきた用語法を総まとめするため、「生産性」、「生産諸力」、「生産力」

がほぼ一ページに集中してでている箇所があるのでそれを原文と照合しながらみてみよう。第一巻第一四章の「絶対的および相対的剰余価値」のところである（以下、傍線はすべて引用者）。

まずは生産性が向上しないかぎり労働者の自由時間も生まれないし、大所有階級も形成されないとして次のようにいう。

「一定程度の労働の生産性（Arbeitsproduktivität）なしには、労働者にとってこのように自由に処分できる時間はないのであり、そしてそのような余分の時間がなければ、剰余労働もなく、それゆえ資本家もなく、しかもまた奴隷所有者もなく、封建貴族もなく、ひとことで言えば大所有者階級はいないのである」

しかし生産性は発展し、他人の剰余労働で生存する人間関係がうまれ、また人間の欲望に応じて生産諸力も発展するという。

「労働のこの自然発生的な生産性（Produktivität）に神秘的な諸観念を結びつけることを、決してしてはならない。人間がその最初の動物的状態からようやく脱出し、したがって人間の労働そのものがすでに一定程度まで社会化されているときにのみ、ある人の剰余労働が他の人の生存条件となるような諸関係が生じる。文化の初期においては、労働の既得の生産諸力（Produktivkräfte）は取るに足らぬものであるが、諸欲求もまたそうであって、諸欲求は、その充足手段とともに、またその手段によって発展する」

このようにして「労働の社会的生産力（Produktivkraft）の進展とともに、この社会的部分（他人の労働によって生活する部分のこと——引用者）の割合は、絶対的にも相対的にも増大する」（③八七六、八七七ページ）。

ここには言語上のことと内容的なこととの重要点が凝縮して述べられている。言語上ではこれまでみてきたように最初の「一定程度の労働の生産性」は「生産力」としてもかまわないものである。次の「自然発生的な生産性」は生産性そのものであって、特別の注釈は無用であろう。「労働の既得の生産諸力」とは、すでに社会に存在する生産手段や原料をそのまま意味しており、複数でなければならない。最後の「労働の社会的生産力」は、個人のばらばらな力ではなく社会的な力を意味する一般規定であるので、「社会的生産力」と単数形となる。

内容的には「生産性」が向上してはじめて剰余労働が生まれ階級関係が形成され、それが人間の諸欲求を充足させる生産力の発展を促す、というように生産性が起動力になっている（生産性は生産力と同じであったにしても）。このことは本書でいわんとするところを先取り的に示唆する重要点である。

以上すべてのことから、史的唯物論に関連したマルクスの用語法について次のようにいえる。
①「生産諸力」（複数）がこれまでの史的唯物論の基礎概念であったことは確かである。

②しかしそれを「生産性」としても史的唯物論の否定にはならない。その理由はマルクスが以下のように用語を使っているからである。①「生産力」を単数形ではあるが「生産性」と同じ意味にしばしば使っているからである。複数の場合でもそう使われている場合があった。②言語的にはものごとを抽象的に表現する場合、単数形を使うからである。

このことから『序言』の訳語問題について私の結論を述べたい。

5、『序言』の訳語問題の結論

『経済学批判 序言』は生産諸力（Produktivkräfte）と複数形になっているので「生産諸力」と訳すのが言語的には正当なことである。しかし私が暫定的に下した結論を再確認したい。すなわち「生産諸力」とは社会がもっている「もろもろの力」であり、それを一語で表現する場合、マルクスは生産力と生産性の両方を使っていたことが確認されたので、生産性が含意されていることが一層十分に考慮されなければならないと考える。これが第一点である。

ロシア語で「生産力」（単数）は「プライズバジーチェリナヤ・シーラ」、複数の「生産諸力」は「プライズバジーチェリヌイ・シールイ」という。この「プライズバジーチェリ」は、語感としては「生産」ではなく「生産性」を意味する。これに対して「生産諸関係」の「生産」は「プライズボードストゥベンヌイ」といい、いかなる意味でも「生産性」という語感はない。即物的で「生産現場」といった場合もこれを使う。したがってカウフマン、レーニンにとって「生産諸力」というのは「生産性」を意味するものでなければならなかったのだと思う。そこでカウフマンがマルクスの「生産諸力」を「人間の経済諸力がそのときにもっている生産性」と訳したのは、考えられた訳であったと思う。間違っているとはいえないであろう。

第二の点は内容上の問題になるが「生産諸力」とはいま社会がもっている諸力であり、それ自体が生産諸関係という外皮を打ち破るわけではない。変革の主体がないかぎり外皮を破ることはできない。生産性向上を押し付けられる労働者が外皮を打破するのであり、生産性の問題を闘争の前面に押し出すべきではないかと考える。以上の二点が従来の『序言』の捉え方と本書が提起しているこれからの『序言』を読む場合との相違点である。

6、「生産力の発展」と「経済成長」とは同じか

マルクスの生産力概念は数量化することのできない哲学的なものである。近代経済学では「経済成長」という概念を使う。これは国民経済全体の力を示すために新たに付け加えられた価値（付加価値）を貨幣で計算し、ＧＤＰ（国内総生産）で表す。〝今年のＧＤＰは五〇〇兆円であった〟等々である。

マルクス経済学には「生産力の発展」という概念があるが、数量化することができないので、近代経済学の概念にもとづく経済統計をもとにしてそれを表示している。いまマルクス主義者が「生産力は今後も発展する」というとき、それはＧＤＰのことを念頭に入れている場合が多い。本来の哲学的内容をいっているのではない。そうすると惰性的に「経済成長論」と変わりがなくなり、あとでみるような労働者の「企業成長主義」からの脱却が難しくなり、結果としてＧＤＰで競争するようになってしまう。私には現在のマルクス主義者のかなりの部分が「生産力」について内容を確かめないまま「経済成長」と同じ意味で使っているように思えてならない。

現代資本主義について検討する場合、量的生産力の発展を重視するか、質的生産力（生産性）を重視するかは大きな問題である。先進資本主義諸国はいますでに大量の財貨で溢れており、これからの一層の量的発展は地球環境の破壊につながり、「量的発展」は現代においてはもはや肯定的な概念ではなくなっている。今日の先進資本主義から社会主義への移行も「生産諸力」の一層の量的発展を契機としておこるとは考えられない。「質的発展」はそれとは違いこれからの社会の発展を表すものとして使っていくべきものと思う。

いまＡＩと史的唯物論が大きな問題となっている。ＡＩは物質ではない。財貨の生産を問題にした『序言』の従来の読みかたの延長線上で理解していればすむものではない。そこでこれから今日的問題としての『序言』の検討に入ることにしたい。しかしそのまえになぜ邦訳『レーニン全集』でレーニン訳が変更されたのかをみておかなければならない。これもわれわれが生産力を今日的に吟味するうえで大きな意味をもっている。

第三章

スターリンによる歪曲とその日本への影響

本書の序章で、レーニンが『「人民の友」とはなにか』において『序言』を引用した際、「生産性」のところだけではなく、文章そのものがカウフマン訳と一語も違わないまったく同一のものであることを紹介した。レーニン訳をスターリンが変更したわけでないこともそこですでに述べたとおりである。

ところが一方で、一九三〇年代から戦後のある時期まで、日本の左翼の哲学界はスターリンと当時のソ連の哲学者に強く影響されていた。そのためマルクスの哲学が歪められてきたといわれている。私自身、初めて史的唯物論なるものを高校生のときに知ったのは、スターリンの『弁証法的唯物論と史的唯物論』を読んだときである。高校生にも分かる平易な説明であり、自分の歴史観・社会観の出発点になった。したがって私もいわば同罪であることは率直に認めなければならない。ただ高校生がいきなり『ドイツ・イデオロギー』や『序言』を読んで史的唯物論が分かったなどということは、絶対にありえないと思う。われわれの同世代は、スターリンを読んで史的唯物論について何がしかの知識を得たことは間違いない。

しかし、スターリンの史的唯物論は極めて単純化された図式的なものであり、哲学的中身のあるものではない。それがいかにマルクスを歪めたかを知るために、マルクスが史的唯物論を初めて確立した一八四〇年代中葉の著作から最低限知っておかなければならないこと、とくに「生産力」概念についてみておく必要がある。

1、一八四〇年代のマルクスの生産力

マルクス、エンゲルスが史的唯物論を確立したのは一八四五年―四六年に書いた『ドイツ・イデオロギー』においてである。マルクスはそのなかで「すべての人間史の第一の前提は、もちろん生きた人間的諸個人の存在であり」、「自然にたいする彼らの関係である」としている（『新訳ドイツ・イデオロギー』一七ページ　新日本出版社）。人間はその自然のなかで生きなければならず、そのためには「生活手段を生産」しなければならない（同右）。このことを史的唯物論の根本的な出発点とした。

人間が生産力である

そこで、自然に働きかけ人間生活に必要なものを生産する人間それ自身が、なによりもまず生産力となる。しかし、通常は「幾人かの個人の協働」によって生産がおこなわれるので、「協働のこの様式がそれ自体『生産力』（Produktivkraft　照合、ＭＥＧＡ）である」（同右　三七ページ）と

した。人間の「協働労働」が生産力の出発点となっている。そして分業の発展による歴史の諸段階で生産諸力が次々とつくりだされ、とくに大工業は「大量の生産諸力」を生みだしたと指摘している。しかし、人間が生産力であるとしていることは、次のマルクスの思考と結びついた重要点である。

マルクスはこの歴史発展の過程で諸個人のもつ生産力は「諸個人の諸力ではなくて私的所有の諸力」となり、それゆえに「私的所有者であるかぎりでのみ」の「諸個人の諸力」になったという（同右、九七ページ）。すなわち、生産力は本来自分の力であったという本質が、私的所有のもとで他人のものになるという変質が起こった。人間の力である生産力も、それを使う側からみれば、人間としてではなく機械装置その他多くの生産諸力と同様に物化する。ブルジョア社会においては、それが最高段階に達し、つくりだされた機械装置、自然力の利用その他多くの生産力――たとえば水道、ガス照明、蒸気暖房等々と同様に人間も同じく物件の一つになる。

したがってマルクスは、歴史のある発展段階にきたとき、人間は「生産諸力の現存の総体をわがものとして獲得しなければならない」（同右、九七―九八ページ）とした。こうして生産力とは、①人間それ自体、②協働労働、③私的所有のもとでの他者の物への転化（機械と同様）、④ある歴史的段階でわがものとして取り返すものである。これがマルクスの生産力の捉え方の根本であった。

マルクスが生産力を何か「中立的」なものとしてではなく、生産力の階級的本質を明らかにして捉えていることは、最小限知っておかなければならないことである。資本主義社会での生産力とは、機械が資本のものであるのと同様に、人間のもつ生産力も「資本の生産力」なのである。このことは『資本論』でもしばしば強調されている。例えば「労働の主体的生産諸力の全部が資本の生産諸力として現われる」（⑧七五ページ）等々である。

最大の生産力とは何か

それでは何が最大の生産力なのであろうか。機械なのか人間なのか。これは後の『序言』でいう「生産諸力と生産諸関係の矛盾」をどう捉えるかにかかわるもので、史的唯物論のなかでも特別に重要な問題である。一八四七年にマルクスは『哲学の貧困』を書く。そこに人間集団（階級）こそ最大の生産力であるとする重要な指摘がある。

「被抑圧階級の解放ということは、必然的に、あらたな社会の創造ということをふくんでいる。被抑圧階級が自己を解放しうるためには、すでに獲得された生産諸力（Produktivkräfte MEWと照合）と現存する社会的諸関係とがもはや共存しえないことが、必要である」（『全集』

④　一八九ページ）

ここで重要なのは、社会的諸関係と「共存」できない「生産諸力」とは、機械のことなのか、それとも人間のことなのかという問題である。

人間であることはいうまでもない。もし機械であれば破壊すればよい。「共存」できない人間は「人間と人間の生産力との一定の発展に照応する」生産様式をつくりださなければならない。これをつくりだせるのは封建制ではブルジョアジーであり、ブルジョア社会であれば「プロレタリアート」である（同右、一四五ページ）。

したがって「あらゆる生産用具のうちで、最大の生産力（Produktivkraft ＭＥＷと照合）は、革命的階級そのものである」（同右、一八九ページ）と断じている。

『序言』でいう生産諸力を、そのなかの最大のものは人間あるいは階級であるという観点抜きに読むならば、生産諸力の発展段階に照応して新しい生産諸関係が形成されるという命題は、極めて機械的で無機物的であり、人間とは独立したものになる。よく史的唯物論を自然科学の法則のように説明したあと（マルクスも「自然史過程」といっていた）、突如、極めて唐突な形で階級闘争を付け加えることがしばしばあるが、それはマルクスの生産力把握を十分に理解していないことにもとづくものといわざるをえない。

これとは反対に、「生産力主義」あるいは「経済還元主義」から脱却するとして、上部構造の問題とくに「社会的意識形態」の問題を土台より重視するか、あるいは並列視することを真のマルクス理解とする主張がある。しかし、これも変革の主体の形成を重視しているようにみえても、観念的になる危険がある。

生産諸力の最大のものが人間・階級であると捉えることにより、初めて生産諸力と生産諸関係の矛盾が生きたものとして現われる。客体と主体が統一されている。マルクスが史的唯物論を確立したというのは、このことを指してこそいえるものと思う。

社会主義の物質的条件はできている

一八四八年の『共産党宣言』でマルクス、エンゲルスはブルジョア社会のもとで生産力がありあまるほどの物質的財貨をつくりだした様子を描き、社会主義へ移行する物質的諸条件はもうできているとした。

「諸自然力の征服、機械設備、工業および農業への化学の応用、汽船航海、鉄道、電信、諸大陸全体の開拓、諸河川の運河化、地中からわき出たような全人口――このような生産諸力（Produktionskräfte 照合、ＭＥＷ）が社会的労働の胎内にまどろんでいたことを、これま

でのどの世紀が予想したであろうか?」(『古典選書』五七ページ 新日本出版社)

そしてブルジョア社会はこの「巨大な生産諸力」をもう自分では「制御」できなくなったと述べている(同右)。さらにそこで、労働者階級が生産諸力をわがものとして取り返し「制御」していく時代がきているとした。変革主体が準備されれば、生産諸力を労働者階級がわがものとして取り返し、ブルジョア社会に替わる新たな社会(社会主義)が可能だとの考えを明らかにした。

一八四〇年代のマルクス、エンゲルスの著作を生産力の問題に絞ってみてみると、以上のようなことがいえる。マルクスは人間社会の発展の基礎に何があるかを発見するため、一八四〇年代に努力を集中した。そこで「人間が生活すること」と、そのための生産力の発展とを基軸におき、それまでの観念的な社会発展論と決別した。これはマルクスの最大の理論的業績である。

では、これと比較して、スターリンの生産力論とはどういうものであったのであろうか。それを次に明らかにする。

2、スターリンと史的唯物論

スターリンは一九三八年に『弁証法的唯物論と史的唯物論』を書いた。そのなかで社会発展を決定する力はなにかと問い、それは「物質的財貨の生産方法」であるとしたうえで、その推進力となる生産力を次のように規定した。

「物質的財貨を生産するのにもちいる**生産用具と**、一定の**生産上の経験および労働への熟練**によって生産用具を使用し物質的財貨の生産を実現する**人間**――これらすべての要素がともに社会の**生産諸力**を形成する」（『スターリン選集』第一四巻）

黒字で強調されている部分、すなわち生産用具と経験と熟練度をもった人間と、その二つの要素の結合が生産諸力であると規定した。極めて簡潔で平易であり暗記するには都合がいい。しかし、マルクスが出発点とした人間と自然との関係の考察もなく、河上がいっていた「人間の精神的生産物（科学）」もないし、「社会的力としての人間（労働の社会的組織、等々、革命的階級、等々）」も排除されている。ついでにいえば、生産過程における労働対象である原料、材料すら入っていない。このあとに人間こそが「最も重要な生産力」であると述べているところがあるが、その理由は「生産用具の発展と改良」をおこなってきたのは「人間」であるからだという（同右）。社会変革の主体は人間であるという理解ではない。要するに哲学的考察がいっさいなく、生産力を著しく「道具化」し、即物的で卑俗なものにした。

ここでスターリンの史的唯物論の全体を紹介するつもりはないが、「道具主義的」歴史観であることだけは具体的に述べておきたい。これは現代でも尾を引きずっている問題である。

「道具主義」と社会主義での生産用具とは？

スターリンはこまかく原始共同体から現代にいたるまでの生産用具と産業を数え上げ、それが変化するたびに経済的社会構成体が次のそれへと移行していく様子を、まったく機械的に描いている。

「古代から現代にいたるまでの生産力の発展を示す概略的様相は次のとおりである。粗野な石器から弓矢への移行と、これに関連しての狩猟生活様式から動物の飼育と原始的な牧畜への移行、石器から金属製用具（鉄製の斧、鉄の刃をつけた犂，等々）への移行と、これに適応しての植物の耕作と農業への移行、材料加工のための金属製用具の一層の改良、鍛冶用ふいごへの移行、陶器生産への移行、これにまさに適応しての、手工業の発達、手工業の農業からの分離、独立した手工業の発展とその後のマニュファクチャー生産の発展。生産の手工業的用具から機械への移行、手工業的・マニュファクチャー的生産の機械工業への転化。機械体系への移行と現代的大規模機械化工業の出現――これが人類史を通じての社会的生産力発展の、きわめて不完全ではあるが、一般的な様相である」（同右）

こう述べたうえで原始共同体、奴隷制度、封建制度、資本主義制度、社会主義制度の五つの経済的社会構成体をあげ、そのもとでこれらの生産手段と産業がいかに展開したかを細部化して説明している。例えば封建制のもとでは「鉄の溶解や加工の一層の改良、鉄製鍬や織機の普及、農業、野菜栽培、葡萄酒醸造、製油の一層の発展、手工業職場とならんでの工場制手工業企業の出現――これが封建制度の生産力である」といった調子である。

これはまさに「道具主義的社会発展史」である。

ところがスターリンは、これほどまでに生産用具と経済的社会構成体の関連を説きながら、肝心の「ソ連社会主義」の生産力的基盤・生産手段は何なのかをまったく説明していない。新しい生産用具の出現によって社会構成体が変わるはずではなかったのか。

ここからスターリンは急転換し、生産諸力より生産諸関係のほうが重要であると主張する。ソ連では「生産諸関係が生産諸力の状態と完全に照応している」ので「経済的危機も生産諸力の破壊もない」、「したがってここでは生産諸力は加速度的テンポで発展する。なぜなら生産諸力に照応した生産諸関係は、生産諸力がそのような発展を思う存分やれるようにしているからである」(同右)という。これは哲学ではなく一九三〇年代に経済発展したソ連の政治宣伝である。

3、政治が哲学を押しつぶす

スターリンの哲学はつねに政治主義的である。スターリンはこの『弁証法的唯物論と史的唯物論』を発表する約一〇年前の一九二九年、農業集団化に反対したブハーリンを名指しではないが強烈に批判した。その際、ブハーリンの哲学をも右翼的偏向として徹底的に攻撃した。

ブハーリンは史的唯物論を世界で初めて体系的に論じ教科書として纏めた人物である（『史的唯物論――マルクス主義社会学の一般的教科書』一九二一年）。彼は著書の表題にもあるように、史的唯物論は「社会学」をも含むものとした。ある社会構成体の形成、発展、没落という流れ、すなわち史的唯物論を認めるものの、自然科学の力学を人間社会にもあてはめ、「ある体制が均衡状態にあるということは、外部から加えられるエネルギーなしにはこの状態を止めさすことはできない」という「均衡論」を主張した。

スターリンはここに的を絞り、「均衡論」は現状維持の思想であり、現状からの脱出はできず、農業の集団化も工業化もできず、「社会主義建設」を「自然成長」にまかせるものであるとして、「均衡論を一点の痕跡も残さぬまでに粉砕しなければならない」と農業専門家のまえで演説した（『レーニン主義の諸問題』）。さらに「この理論は、いまでもわが出版物上に流布されてる。しかも、この理論が真剣な反撃に出会ったともいえないし、いわんやわが理論家達の側から激烈な反撃に出会ったとはなおいえないのである」（同右）と述べた。

ただちに呼応した「哲学者」たち

スターリンのこの呼びかけに応えて、当時のソ連の代表的哲学者であったミーチン、イシチェンコ、コンスタンチーノフらがブハーリン批判を大々的に展開した。

ミーチン、イシチェンコはさっそく一九三〇年に『唯物論辞典』を出版した。本書の主題に合わせて「生産力」の項目をみると、ブハーリンは次のように批判されている。

「生産力（Produktivkräfte）。史的唯物論の根本的範疇。……技術と生産力とは同一であるという結論（同志ブハーリンの場合がそうであるように）を下すことは、非常な誤りである。というのは、こう結論することは、元来右派の場合がそうであったように、必然的に社会過程の解釈において労働の役割を軽視することになるからである。右派は『生きた生産力』としての労働が社会過程において演ずる役割を軽視した」（邦訳『唯物論辞典』白揚社　ドイツ語で「生産力」が複数形になっているのに日本語の訳語は単数形になっている——引用者）

「生産力の発展の内的原因を理解する能力がなく、この原因を社会の限界の外におこうとする試みは、同志ブハーリンの生産力論の中心的誤謬であって、これは全く彼の機械的均衡論からきている。その均衡論にしたがえば、あらゆる運動の原因は外的刺激だというのだ」(同右)

また「生産関係」についてブハーリンは次のように批判された。

「社会の発展における生産関係の意義を理解しなかったことは、同志ブハーリンおよび右翼一般の特徴をなす誤謬である。すなわち右翼派は、新しい生産関係が生産力の発展において演ずる役割を軽視して、新しい社会主義的諸関係が、ソヴィエトの国を後進国から高技術の国へと転化させる条件であることを理解せず、そのために次の如き要求を提示した。まず最初にトラクターだ、次にコルホーズ制度を起こせ!、と。しかしこれは没落へ向かうことであった」(同右)

私はブハーリンの哲学を擁護するつもりはない。ブハーリンは、「均衡論」とは別に全てを経済に還元し階級闘争をも「生産力と生産関係のあいだの葛藤」などとしたり、「社会現象」を人と人との社会的諸関係から捉えず「社会現象の物質化」といったりするなど、人間を軽視する傾向が確かにあった。また経済的土台の変化が人間に一〇〇%、同じ意識変化をもたらすという機械的反映論を主張するなどいろいろな問題点があった(前掲書)。

しかしブハーリンは科学・技術を生産力として当然重視していたし、また生産諸力と生産諸関係の問題についてロシアの文献では「『起源論』の見地から『鶏と卵』の問題としてしばしば提起され」、正確な答えが見出されていないと主張していた（論文「史的唯物論への問題提起」一九二三年）。

いずれにせよブハーリンにあった弱点を逆手にとって、「コルホーズよりトラクターを」という「右翼的誤り」（ネップの時期には多くのボリシェヴィキがそう主張していた）を犯しているといった批判は、学問的探究を政治主義によって押しつぶすものである。こうしてブハーリンは理論戦線からも徐々に排除され、一九三八年に「人民の敵」として処刑された。

知られざる『ブハーリン獄中草稿』

ブハーリンは一九三七年二月に逮捕された。彼はレーニンから「弁証法を知らない」として批判されたことがあり、獄中で哲学の勉強をし、五百数十ページに及ぶ哲学書を書いた。スターリンはブハーリンが必要とする書物をすべて提供し、タイプライターから用紙まで与え、思う存分書きたいことを書かせた。その原稿は逐一、直接スターリンに送られ、読み終わるとスターリンの金庫に納められた。ブハーリンは「三七年一一月七日―八日、偉大な勝利二〇周年」と記して、その哲学書を書き終えた（『ブハーリン獄中草稿』の序文より）。

スターリンの『弁証法的唯物論と史的唯物論』は、ブハーリンが処刑された一九三八年三月から半年たった九月に発表された。ブハーリンの書はソ連崩壊後の一九九六年、『ブハーリン獄中草稿』全二巻として出版された。邦訳がないため日本ではこの事実とブハーリン最後の哲学思想は知られないままになっている。

4、ソ連哲学の日本への影響

「実践的唯物論」論争に至るまでの時期

こうしたソ連哲学界の状況は日本にも大きな影響を与えた。ミーチン、イシチェンコ辞典は一九三七年に翻訳出版されている。その後も各種の翻訳本がでている。スターリンの史的唯物論をもっとも詳しく解説したものといわれているコンスタンチーノフの『史的唯物論』（全二巻）は一九五一年に出版されている。

本書との関連で一言述べておくと、コンスタンチーノフはエネルギー源としての「蒸気」の特性は「古代ギリシャ」ですでに発見されていたが、奴隷制のもとでは「利用」することはできなかったとして、「科学的発見を社会の生産力の発展に利用」できるのは社会体制の「水準」によるとして、現代では「二つの体制」（資本主義と社会主義）の違いで科学的発展と、その利用可能性が異なると主張し」（同右、上巻）、社会主義の優位性を強調している。コンスタンチーノフは、ソ連は社会主義なので新たな発見で使えないものはないといっている。いまさらながらスターリン、ソ連がいかに「生産力至上主義」に陥っていたかがよく分る。

しかし一九三〇年代から戦後のある時期まで、日本ではスターリン、ミーチン、コンスタンチーノフらが「正統派マルス主義」とされた。哲学者の岩佐茂氏（一橋大学）は「『スターリンの青年将校』と揶揄されるミーチンらが」、戦後の日本でも「正統マルクス主義」とされてきたと述べている。同じく島崎隆氏（一橋大学）は、こうした状況が日本では「一九七〇年代、『実践的唯物論』論争が開始されるまで残存したといえる」と指摘している（両氏の論文は『戦後マルクス主義の思想』に収録 社会評論社 二〇一三年）。もちろん、日本の哲学界にはマルクス主義を支持しながらも、「正統派マルクス主義」とは見解を異にする進歩的哲学者もいたことを述べておきたい。

「実践的唯物論」論争とはスターリン、ミーチンらによるソ連流「マルクス・レーニン主義」を克服し、マルクスの哲学は「実践的唯物論」であるとしたものの、その「実践」とは何かをめぐって見解が対立しておきた論争のことである。哲学が社会問題にも取り組むべきだとする見解と、あくまでも認識論の問題であるとする見解の対立、「哲学の根本」問題として「物質と意識」、

「唯物論と観念論」と「実践的唯物論」との関連についての見解の対立、「実践的唯物論」とは「革命的実践」のことかという対立などを軸として論争がおこなわれた。また哲学の「党派性」ということが強調され、日本共産党の公式見解ではもちろんないが、党の綱領的立場を受け入れることが「実践的」という意味であるとする見解すら現われた。

スターリン流の哲学全盛期に発行が開始された『全集』

邦訳『レーニン全集』は、スターリン・ソ連流哲学が一世を風靡するなかで、一九五三年から発行されていった。『序言』のレーニン訳がでている『人民の友とはなにか』は、『全集』のまさに第一巻に収録されている。生産力とは何か、生産諸力と生産諸関係はいかなる関係にあるかといった問題をめぐり、みてきたようにスターリン流の解釈が「正統派マルクス主義」の見解であると看做されていた。そのためあくまで推測だが、レーニン訳をそのままにしておくのは適切ではないと判断されたのではないかと思われる。

当時は今日では考えられないほど左翼勢力のなかで哲学が重視された。このことは私自身の実感としてもいえる。『弁証法的唯物論と史的唯物論』を書いたスターリンは「偉大な哲学者」であった。一九五六年のスターリン批判以後も、スターリンの名を冠せずともソ連流哲学が長期にわたって主流であった。例えばソ連では、マルクスの人間味ある『経済学・哲学手稿』は「初期マルクス」の作品であり、「科学的共産主義の諸要素」を含んではいるものの「人間学主義」を受け継いでおり、「ブルジョア・イデオローグ」が「ブルジョア的かつ反共主義的な精神において（マルクスを）解釈し、そこから『真の』マルクス主義をこしらえ上げよう」とする試みに利用される「不完全」なものとされた（『手稿』収録の『マルクス・エンゲルス全集』第四〇巻の序文）。この評価は日本でも長く定着し、『経済学・哲学手稿』を評価する哲学者は厳しく批判された。こうした時代状況下で書き換えがおこなわれたものと推測される。

岩佐はソ連で『経済学・哲学手稿』は「評価の対象外」とされた状況が「一九六〇年代半ばまで続いた」と述べている（前掲『戦後マルクス主義の思想』）。私が一九六四年にソ連で哲学の授業を受けたとき、担当教授が『経哲手稿』を評価する講義をした。それを聞き図書館から借り出して読んだ。

同教授は美学についても講義し、ソ連では「社会主義文化」が開花していると公式にいわれているが、それはとんでもない話であり、ボリショイ劇場にいけばやっているのはチャイコフスキーの「白鳥の湖」であり、モスクワ芸術座にいけばやっているのはチェホフの「桜の園」ではないかと授業で述べた。フルシチョフ時代のエピソードである。

最後に付け加えておくと、現在の日本のマルクス主義者がすべてスターリンの「道具主義的生産力論」ときっぱり絶縁しているといいきれるのかどうか、はなはだ疑問である。一九八〇年代、九〇年代にロボットとコンピューターが開発されたとき、これがマルクスの労働価値説の終わりを示すとして、資本主義的生産様式の終焉を説く論調があった。また逆に今日までの資本主義発達史を科学・技術の発展に還元する議論もある。「社会発展と生産力」という問題はよくよく検討されなければならない問題であることを指摘しておきたい。

ミーチンという人物

なおミーチンについて最近、興味ある論考が現われている。広島大学の市川浩氏が、雑誌『唯物論と現代』(二〇二〇年六号)に、ロシア科学アカデミー・自然科学史=技術史研究所が編集した著作に収録された同研究所主任研究員・セルゲイ・コルサコフのミーチンに関する論文を訳出している。それによると、ミーチンは思想的には確固としたものをもたず、学問的には他人が書いたものを平気で「自分の署名のもとに発行」するという「盗作」事件まで起こす人物であった。ただ政治的に渡り歩くのが上手で、哲学界の優れた研究者たちにたいするスターリンの弾圧の「主要なオルガナイザーのひとり」であり、スターリン存命中にソ連共産党の中央委員になった。しかしスターリンも彼を学者とは認めていなかったとのことである。市川の解題によれば、ミーチンがスターリンの『弁証法的唯物論と史的唯物論』の〝ゴースト・ライター〟であったとするのは俗論であるということである（セルゲイ・コルサコフ論文「マルク・ミーチン評伝」）。

なおミーチンは、一九五八年の日本共産党第七回大会にソ連共産党代表として来日している。日ソ両党関係はその後、ソ連側の日本側への干渉によって悪化し、一九六四年のモスクワでの両党会談が決裂したため断絶した。日本代表団が帰国するにあたりおこなわれた夕食会は、会談決裂のため相当荒れた食事会となった。そこにはソ連側の代表団員以外にミーチンも参加し、居丈高なソ連側の恫喝に加わっていた。

第四章

『序言』を今日ではどう読むか

以上で訳語問題を終わり、これから『序言』を今日の資本主義のもとでどう読むかの問題に入りたい。結論を先取りしていえば、生産性を前面に押し出していくべきだということである。そこに矛盾が集中しているからである。

『序言』の核心的命題は、社会発展の原動力は「生産諸力の発展」であり、生産諸関係が生産諸力の発展の桎梏となったとき「人間がこの衝突を意識するようになり」、その生産諸関係を維持しようとする上部構造と「たたかって決着をつける」(『全集』⑬七ページ) という点にある。

これを現代の先進資本主義国に当てはめたとき、どういうことになるであろうか。

いま先進資本主義国では、生産諸力は発展し、財貨・サービスは有り余っている。まったくの一例であるが、「国連世界食糧計画」によれば、日本は年間二八四二万トンの食料を廃棄しており、そのうち食べずに廃棄するいわゆる「食品ロス」は六四六万トンに達する状態である (二〇一六年)。アパレル産業も同様で、民間機関の報告ではあるが、年二九億点の衣料が生産され一五億点が過剰在庫・廃棄となっている (二〇一九年)。

「もっと多くの財貨を!」というのが日本人の欲求であろうか。今日の先進資本主義のもとでは物質的諸欲求がみたされないという観点で、別の「新しい社会システム」(社会主義) が必要であると捉え、それを社会変革の中心課題とすることはできないであろう。

過剰生産のため「生産諸力の発展」が図れないこと、すなわち近代経済学でいう「経済成長」が図れない（日本はこの三〇年間、事実上のゼロ成長である）ことのために苦悩しているのは、利潤追求を第一におく資本家である。資本主義経済は、ある時点から資本を投下しても利潤率が傾向的に低下するという構造的な根本矛盾をもっている。他者との競争のために技術革新をおこない、機械装備を改良して市場を拡大したり、あるいは中小資本を飲み込むなどして、しばらくの間、超過利潤を取得し利潤の絶対量を増大させても、他者もまたそれに追いつく。そこでさらに資本を投下するが技術革新・機械設備にかかる資本がますます増大し、価値を生みだす労働力への投資が比率として低下し（資本の有機的構成の高度化）、利潤率は低落する。資本蓄積の限界がくる。「資本主義的生産の真の制限は、資本そのものである」（『資本論』⑨四二六ページ）。

この矛盾をなんとか切り抜けようとして、資本家はまたさらに労働者に「生産性の向上」を押し付ける。次の生産力の担い手である労働者が、いま悩み苦しみ、資本との「衝突」を肌身で感じるのは、生産諸力の発展ではなく生産性向上が押し付けられていることである。生産諸力の発展と生産諸関係との矛盾として描かれていたこれまでの『序言』の読みかたは、その現状にふさわしく変えなければならないし、変えてもさしつかえのないものである。

言語学上の問題でみたように、マルクスは「生産力」と「生産性」とを同じ意味で使う場合があった。『序言』では「生産力」の発展が資本主義的生産関係と矛盾し衝突することになっていた。しかし「生産性」の向上が利潤率を低下させるという矛盾は、利潤追求を目的とする資本主義にとって「根本矛盾」である。結局、「労働の生産力」、「労働の生産性」が増大したために「資本の生産力」、「資本の生産性」がかえって低下してしまうという根本問題にぶつかった。いずれにせよ、生産力の発展という物質的財貨の希少性にもとづいて社会変革を発想する時代は終わった。このことは若い世代のほうが直感しているようである。

1、若い世代の時代認識

斉藤幸平氏の主張

地球環境破壊に人類的危機を感じ、三三歳の若さで著書『大洪水の前に――マルクスと惑星の物質代謝』を著し、史上最年少でドイッチャー記念賞を受賞した斉藤幸平氏（大阪市立大学）は、外国の研究者達との対談集『未来への大分岐』（集英社新書二〇一九年）で、大要次のように述べている。

「二〇世紀のあいだに生産力は飛躍的に上昇したにもかかわらず、皮肉なことに実際の労働時間は減るどころか、長くなり、山のように積みあがっていく、意味のない業務に翻弄され」ている。人々は「自由に自分の能力を発揮できる社会を目指し」ている。「新自由主義が人々から支持された理由（はそこにあった）が、現実はそうなっていない」。新自由主義は一方で「社会に直接的に貢献できる仕事の多くを非正規化し」、他方で「投資銀行や広告業やコンサルタントのような高給取りの仕事」を増やした。

ところが日本の労働者のなかには「所属する企業が業績をあげて、賃金を上昇させることで生活改善をするという企業のロジック」が根付き、それが「社会統合」思想として形成されてきた。そのため生活向上は「闘争ではなく」、「経済成長にかかっている」という「経済成長」主義が強く根を張っている。これと結びついて、いままた「テクノロジーがあらゆる問題を解決する」という「技術発展論が幅を利かせている」。

だがＡＩなどの「新しい技術に規制をかけず、ただ技術を加速させていけば」いいとするなら、待っているのは「破滅」だけである。「シンギュラリティ時代がもたらすのは、普遍的人権や自由・平等が否定される『人間の終焉』かもしれない」。われわれはそういう「大分岐の時代に生きている」。いまわれわれに必要なのは人間が尊重される「新しい社会システム」である。

極めて適切な時代把握である。氏はこうした主張とマルクスとの関係について『大洪水の前に』（堀之内出版 二〇一九年）で詳論し、マルクスの根本思想は人間と自然の正常な物質代謝という「エコロジー」思想であったと主張している（近著ではマルクスはそれを越えて「脱成長コミュニズム」思想に転化したとしている）。

「ロストゼネレーション」から見ると

別の例だが一昨年（二〇一九年）春、「生物地理学会」主催のシンポジウム「次世代にどのような社会を贈るのか?」を聞きにいった。四〇〇名収用可能なホールは人が溢れ、立ち見がでたほどの盛況であった。みな三〇代から四〇代の若い世代であったのには驚いた。この世代は就職「氷河期」といわれるいわゆる「ロストゼネレーション」である。左翼系・革新系の集会では高齢者がつねに圧倒的多数を占めているのと対照的であり、若い世代が何に関心をもっているかを真剣に考えてみる必要性を痛感した。

主講演者であった橘玲氏は次のように述べた。

「産業革命以後、科学とテクノロジーの発展によって生産性を向上させ、わずか二〇〇年あまりで先進諸国では所得水準が一〇—二〇倍に達した」。その結果、「高い知能をもつ者が社会的・経済的に成功する社会」、すなわち「知識社会」あるいは「知識資本主義」が形成された。「現代社会の格差は知識格差」によるものである。

しかしそれは今日、限界にきている。一九八〇年代にインターネットが開発されたとき「世界はより自由で素晴らしいものになるとの期待が語られたが」、いまや「よりよい未来への希望は急速にしぼんでいる」。ＡＩ時代が来ると労働者に要求される知能（スキル）のハードルはますます高くなる。それに適応できない膨大な人間が生まれる。社会学の研究によればアメリカでＡＩ時代が本格化すれば一三％の人だけが適応できるが、八七％の人は適応困難性に見舞われるとのことである。

知識は重要であるが、もうこういう社会を続けていくわけにはいかない。「科学・テクノロジー次元」とは別の次元の「新しい社会」をつくらなければならない。その姿はまだ見えないが、何かを試し、そのエビデンス（証拠）にもとづいてさらに何かを試しながら進もうではないか（新潮新書『言ってはいけない――残酷すぎる真実』二〇一七年、『もっと言ってはならない』二〇一九年、によって講演内容再確認）。

この講演は貧富の格差を各人の知識・技能の差に求めるという大きな欠陥をもっている。高い知識・技能を有しながらも就職できなかったのが「ロストゼネレーション」であったはずである。

しかし、科学・技術の資本主義的充用への危機意識は斉藤氏とも共通しており、それが若い世代には一種の恐怖感になっていることがわかる。

2、労使対決のキー概念としての「生産性向上」

いま若い世代の側から問題をみたが、現在の先進資本主義国では、生産諸力より生産性が労使対決の焦点になっている。実際、日本の現状は「ゼロ成長」でありながら生産性は向上している。それでもまだ十分ではないとして生産性の向上が労働者に押し付けられている。

いま日本政府と大企業は、日本の経済成長が遅れ、労働者の「豊かな生活」が実現しないのは生産性が低いためであるとして、「働き方改革」をすすめなければならないとしている。安倍前政権は「生産性革命」などといってきた。

「我が国の経済成長の隘路には（人口減少問題）に加え、イノベーションの欠如による生産性の向上の低迷、革新的技術への投資不足がある。日本経済の再生を実現するためには、投資やイノベーションの促進を通じた付加価値生産性の向上と、労働参加率の向上を図る必要がある」。「働きかた改革こそ労働生産性を改善するための最良の手段である」（二〇一七年策定「働き方改革実行計画」)

第二次世界戦争の時期には、物資不足のため日本の支配層は「生産力の増強」をスローガンにした。戦後の荒廃期も「生産力の回復」をスローガンにした。いま「生産性の向上」、「生産性革命」というのは、それなりに考えた言い方である。

しかし「経済成長」が果たせないのは生産性が向上しないからではない。労働者は「生産性向上」の充分な犠牲者になっている。

日本の「労働生産性」

資本金一〇億円以上の企業の従業者一人当たりの付加価値労働生産性を、一九九七年から二〇一六年までの二〇年間をとってみると、一二〇八・一万円から一三二四・一万円へと増大し、九・六%の伸びとなっている。このうち企業に分配される営業純益は一六二・一万円から三九三・四万円と二・四倍になっている。ところが労働者に分配される賃金は六〇四・〇万円から五七六・六万円に減少し、マイナス四・五ポイントとなっている（参照論文　藤田宏「『労働生産性向上』論の欺瞞と『働きかた改革』」雑誌『経済』二〇一七年一二月号。以下の諸点も同論文に負うところがある)。

いかに日本の労働者が「生産性向上」の重圧のもとで苦しめられているかが分かる。日本の労働者の「労働生産性が低い」ため労働者が豊かになれないという主張は、大いなる欺瞞である。

資本の側は欧米にくらべれば日本の労働生産性は低いという。日本生産性本部によれば、アメリカが一番高くて従業員一人の時間当たりの生産額は七二ドル、第二位のドイツは六九・八ドル、日本は四七・五ドルで先進資本主義国三六か国中二〇位である。

しかしこれはそう主張する資本家が赤面せざるをえないものである。日本は長時間労働で有名である。長時間労働は労働生産性を計算する場合、付加価値を割りだす分母を大きくするので、その分だけ労働生産性が落ちるのは当然である。

また少子・高齢化による生産年齢人口（一五歳以上六五歳未満）の減少が理由に挙げられる。二〇一四年の六五八七万人から二〇三〇年には五八〇〇万人に減少するといわれている。この問題の抜本的解決は別途論じられなければならないが、労働生産性問題からみれば、労働人口が減る以上、設備投資率を高めて補っていかなければならない。ところが一九九五年を一〇〇とすると一九九八年までは若干伸びているが、それ以後は急落し二〇一二年は七〇にまで落ち、二〇一五年に七九・一となっている。これにたいして労働生産性は先にみたとおり九％以上上昇している。なぜこういう結果になるかといえば、大企業は国内では投資せず、海外子会社への投資・M&Aなどによる金融収益に依存し、労働力のほうは非正規雇用労働者を大量に活用し、正規雇用労働者には超過密労働を強いてきたためである。

中小企業の生産性問題

日本経済は中小企業が大きな比重を占めているため労働生産性が低いといわれる。しかしこれも大企業・親会社による価値収奪の激しさによるものである。下請け企業にたいし原価を下回るほどの買い叩きがおこなわれる場合があるほどである。これでは中小企業の付加価値は下がり、いくら労働生産性が高くても結果が低くなるのは当然である。中小企業の労働者の苦難はここにある。

労働生産性を向上させる要は大企業・親会社との正常で公正な取引である。二〇一八年度の経済産業省の中小企業「振興基準」でさえ次のように述べている。

「まず何よりも、親会社と下請事業者の取引の公正と、これを通じた下請事業者の適正な利益の確保が図られなければならない」（参照論文　松丸和夫「中小企業の『生産性革命』と公正取引実現」雑誌『経済』二〇二〇年六月号）

トヨタ生産システム

個別企業の問題としてトヨタ自動車をみてみよう。なぜならそこでの労働者の働かせ方は「日本の労働者の働かせ方の一つのモデルともなり、日本社会に限らず世界にも大きな影響を及ぼしてきた」（桜井善行『企業福祉と日本的システム』ロゴス二〇一九年 以下、同書による）からである。TPSとも呼ばれるトヨタ生産システム（Toyota Production System）は「ムダの徹底的排除の思想」によるものである。「トイレ休息」は過密労働から解放されるささやかな時間であるが、これすら効率性、生産性からみて「ムダ」とみなされる。機械の管理・監督をする労働者も「異常があれば機械が止まる」装置が設定されているため、一人で複数の機械を稼動させられる。また生産行程の進行計画を「見える化」するため、「アンドン」と呼ばれる電光掲示板が工場内に行程の数だけ設置されている。こうしたTPSがトヨタの「生産性を向上させることに成功」する手段となり「トヨタシステムの真髄」をなしている。

また労働者が「自主的に生産性向上をめざす」ようにする「カイゼン」方式が導入され、労働者の小集団が編成され改善計画をつくるように仕向けられている。

トヨタの下請け中小企業には「必要な物を、必要な時に、必要な量だけ」納入させる「ジャスト・イン・タイム」（JIT）システムが導入されている。トヨタの完成車ラインのある工場前の道路には部品納入を待つ大型車両が列をなす。公共の道路がこうした車で占領される。TPSは企業には高利潤をもたらすが、労働者にとっては「人間の限界」に向き合わせるシステムである。

実際の対決点は生産性向上にある

労働生産性は以上のような状態である。にもかかわらず生産性向上を目指すとして「働き方改革」がすすめられ、一層の長時間労働、過密労働が押しつけられている。明らかに労使対決の「キー概念」は「生産性向上」問題である。

情報通信技術の発展、研究開発のための労働の拡大、労働過程の自動化のますますの発展等々は、従来の一律のパターン化された労働習慣を大きく変えている。これは本来なら、労働生産性を大きく向上させ、労働時間短縮・賃上げなど労働者の労働条件の改善に向けられなければならないものである。本来の生産性の向上とはこういうものである。

しかし「働き方改革」は非正規社員の大量移入、正規社員の多様化と称しての非正規社員への転換、正規社員の労働の細分化と企業への貢献度による賃金査定等々により賃金引下げ・長時間過密労働を強制している。

労働者が資本に怒りを実際にもつのは、肌で実感しえる自分の労働にたいし、それに相当する賃金がもらえないどころか、肉体的にも精神的にも人間の限界に立たされることではなかろうか。ここに労働者の不満・怒りが蓄積されている。実際の労使の対決点が生産性の向上にあることは明白である。

3、『序言』の読み方がこう変わる

以上のことを『序言』にあてはめて考えるなら次のようにいえる。「生産諸力」が「もろもろの経済的力」という意味をもつところは従来通りの読みでいいが、「生産諸力」と「生産諸関係」との間の関係が「矛盾」、「桎梏」、「衝突」するようになるというところは「生産諸力」を「生産性」と読むのが現代の現実に合致しているといえる（マルクスが生産力と生産性を同じ意味で使っていたことも想起したい）。

その理由は第一に、生産諸力の物量的発展が変革の動機にはならなくなったからである。マルクスは『共産党宣言』において、すでに資本主義は自分の手には負えないほどの生産物をつくりだしており、いまやそれを社会が管理しなければならなくなっているという認識を示していた。いま先進資本主義国では物質的財貨・サービスは溢れている。日本の国内総生産額（GDP）は世界第三位に落ちたとはいえ、二〇一九年で五五二・一兆円である。

しかしそのことが資本主義的生産諸関係の「終焉」の証左にはならなくなった。なぜなら最大の生産力である労働者階級がそこに矛盾を感じていないからである。矛盾を感じ変革への意思を志向するのは「生産性」にあるからである。『序言』は、一つの社会構成体にある矛盾が次の社会構成体へ移行する要因であることを明かにしたものであり、生産力の発展ではそれが証明できなくなっている以上、生産性としてそれを読みかえることは当然であろう。

いまだに答えのない問題提起

上田耕一郎氏は一九七五年、日本共産党中央委員会に付属する社会科学研究所主催の理論会議で、学者・研究者に対して次のような問題提起をした。

「資本主義がなお生きのびているだけでなく、その生産力を急速に発展させ、世界の政治と経済に強力な支配力をおよぼしつづけ、今後もある程度長期にわたって延命することが予想されている事実とその根拠については、かならずしも十分な理論的解明がおこなわれてきたとはいえない面があります」（『前衛』一九七五年一一月号）

左翼の側からソ連崩壊の原因については山ほどの研究がされてきたが、この問題提起の答えをあまり読んだことはない。「資本主義の全般的危機」論の考え方を〝とらない〟〝資本主義はしぶとい〟という言葉を聞いたりする以外に、あまり他の見解を聞いたことがない。『序言』を現代的に取り上げようとするのは、この提起も誘因になっている。

第二に、生産性を向上させるうえで、現代資本主義では科学・技術の発展が決定的に重要になっていることである。これは抑えがたい趨勢である。ところが労働者はそれによって人間性をますます失っていく。現在の花形産業であるIT産業で多くの精神疾患・過労死・自殺がでている。

IT・情報産業の労働者について、「働くものの命と健康を守る全国センター」が二〇一九年四月にだした「提言」によれば、「成果主義賃金」の場合は、「残業代を請求すると能力が低いとみなされ評価が下がるから請求できない」とのことである。また「プロジェクトは本来、協力しあって、進めるべきであるが」、「自腹で本を買って、睡眠時間も削り勉強し，苦労して身に着けたスキルを競争相手にタダで教えたくない」という労働者間の矛盾と弊害が生まれているとも述べている（「情報サービス産業の健全化にむけた提言」より）。

資本主義的生産関係の外皮を剥がすのは、従来いわれてきたように生産諸力を一層発展させるためではなく、人間性を回復するためのものでなければならない。労働者の側からすればそうならざるを得ない。生産性を労働者が自分のものに取り返すことによって、それを労働時間の短縮、自由時間の拡大にあてることこそ焦点である。

第三にあとの第八章で詳しく検討するが、『序言』時代とは違って、物質的財貨より情報という「非物質」の生産が、いまや一国の経済で極めて大きな比重を占めるようになっているからである。これはマルクスの時代では考えられないことであった。

「経済成長」政策について

いまどの政治勢力もいかにして「経済成長」をはたすかで競い合っている。政権党が大企業の成長のための諸策を推進し、国民には「トリクルダウン」方式を説いている以上、革新勢力が経済政策として国民の消費を直接、喚起する「成長政策」を提起するのは当然である。GDPに占める消費の割合は六〇％である以上、消費を喚起する諸策を提示し実現させる努力を払うことは国民の願いと合致するものである。

同時に考慮しなければならないのは、企業が「経済成長」論で労働者を取り込んでいることである。「経済成長」とは労働者が労働してつくりだした新しい価値を増大させることであり、その新しい価値は本来は労働者自身のものであることを労働者が認識するよう努力する必要がある。そうでなければケインズ主義の左翼的利用でことたりるということになり、別の形での「成長主義」に巻き込まれることになる。

いま資本は生産性を向上させる「革命」を実現しようとしている。日本では「Society5・0」という看板で、ドイツでは「第四次産業革命」の看板で（蒸気機関による機械化を開始した第一次、電力による大量生産を可能にした第二次、電子工学などを活用し自動化を進めた第三次に続く）、AIやビッグデータを活用し飛躍的な生産性向上を実現しようとしている（アメリカも中国も）。

この「革命」を前にして、生産性を労働者が管理・制御していく民主的方策をとっていかなければ、取り返しのきかない大破壊がくるのは間違いない。それを阻止するためには労働者が経営に参加していく政策をとる必要がどうしてもある。「経営参加」は資本が労働者を取り込む危険があるとして避けられてきたが、他にどのような方策があるのだろうか。民主的管理を法制化するにしても、そうした運動と世論の力がないかぎり実現しない。

労働者がこのことを自覚するうえで、マルクスの「生産性」論の真髄をつかむことが重要である。それは、労働者が生産性を自分のものとしてとりかえす「新しい社会システム」のもとでは、単に労働時間が短縮されるというだけでなく、労働者は「自由」を獲得することになるという点である。

第五章
マルクス生産性論の真髄と人間の自由

いまマルクス主義者は、「新しい社会システム」（社会主義）について、大いに語らなければならないと思う。『二一世紀の資本』を書き一挙に世界的に有名になったトマ・ピケティは、膨大な研究の結論として、格差社会をなくすために富裕層への「富裕税」の創設あるいは累進課税の強化という存外聞きなれた実践的提起しかしなかったが、一昨年（二〇一九年）には『資本とイデオロギー』を刊行し「資本主義の克服」と「参加型社会主義」を主張するように変わったとのことである（斉藤幸平『人新世の「資本論」』より）。

ところがいまでも、日本で多くのマルクス主義者が、生産力は今後も発展するし、また発展させなければならないと主張している。あるいは「質のいい生産力」を発展させなければならないと主張している。人間の欲望は際限なく発展するというのが、その論拠となっている。

しかしこれでは、これまで紹介した若い世代の考えと大きく矛盾する。このままでは〝後は野となれ山となれ〟（「大洪水の後」）になるので、「大洪水の前に」に「新しい社会システム」に転換しなければならないと考える若い世代にとって、マルクス主義者がこれまでと同じような回答しか示せないようではいけない。「科学、テクノロジー」ではない「別次元」の社会への転換を訴える意見に共感する若い世代にたいして、いまこそマルクス主義者は答えを示さなければならない。「質のいい生産力」ということが、はたしてその答えになるのだろうか。若い世代が「新システム」を望んでいるとき、これに回答を示すことができなければ今日のマルクス主義は多くのものを失うであろう。

〝社会主義こそ生産力の新たな発展を可能にする〟というドグマから解放されなければならない。そのうえで、どういう社会をつくるかを目に見える形で具体化することが、この世界を変える真の知的力となる筈である。

私は「反科学」、「反発展」の立場に立つものではない。労働者も必ずしもいやいや新技術・新商品の研究・開発に従事しているわけではない。科学・技術にたいする知的刺激に喜びを感じて仕事をしている。その知識、能力、技能が企業利益のために使われるか、人間発展のために使われるか、ここが問題である。新しい科学・技術が経済分野を刷新し、生産諸力を発展させるかも知れない。私はそれをも否定するものではない。

私がいいたいのは生産力を発展させることが現代の焦点ではなく、あくまでも人間的発展をめざすことこそが目的であるということである。実はこの点でマルクスは、『序言』では読めない極めて優れた生産性論を『資本論』で展開している。

1、『資本論』で展開された優れた生産性論

マルクスは、資本主義のもとでの生産力の発展は労働者の「犠牲」によっておこなわれるとして、『資本論』で次のように述べている。いささか長いが引用する。

「相対的剰余価値の生産を分析したさいに見たように、資本主義制度の内部では、労働の社会的生産力を高めるいっさいの方法は、個々の労働者の犠牲として行われる（傍線は引用者）」

（④一一〇八ページ）

具体的には、

「生産を発展させるいっさいの手段は、生産者の支配と搾取との手段に転化し、労働者を部分人間へと不具化させ、労働者を機械の付属物へとおとしめ、彼の労働苦で労働内容を破壊し、科学が自立的力能として労働過程に合体される程度に応じて、労働過程の精神的力能を労働者に疎遠なものにするのであり、またこれらの方法・手段は、彼の労働条件をねじゆがめ、労働過程中ではきわめて卑劣で憎むべき専制支配のもとに彼らを服従させ、彼の生活時間を労働時間に転化させ、彼の妻子を資本のジャガノートの車輪のもとに投げ入れる」（同右）

ジャガノートとは、訳者によればインド東岸に祭られる巨大なクリシュナ神の神像のことをいう。祭りの最終日に、ヒンズー教の信者は、罪の清めの神であるこの像を乗せた山車の車輪にひかれれば、ただちに極楽にいけるとして身を投じ、ひき殺されたという。

マルクスが生産力を単数で使うとき、それが生産性を意味することがあるのは、すでにみたとおりである。実際にここで述べられている機械の導入、科学と労働過程の合体、労働過程の専制支配は、資本のもとでの生産性向上が人間に何をもたらすかを描いたものである。

それでは労働者の本来の労働とは何なのであろうか。労働者にとっての本来の生産性とは何なのであろうか。

本来の労働について

まず労働とは何か。マルクスは『資本論』第一巻の「絶対的剰余価値の生産」のところで、労働とは本来、人間と自然の物質代謝を管理することだとしている。

「労働は、まず第一に人間と自然のあいだの一過程、すなわち人間と自然とのその物質代謝を彼自身の行為によって媒介し、規制し、管理する過程である」（②三〇四ページ）

人間は自然を改造し、生活に必要なものをつくりだし、それを消費し、その後は廃棄し自然にもどす。労働はこの自然と人間の物質代謝に介在（媒介）する人間活動である。しかし本来の労働は自然を好き勝手に改造するものではなく、また人間をも好きなまま働かせるものではなく、両者を「規制」し「管理」し、正常な物質代謝をおこなうことである。労働についてのこの「自然主義」と「人間主義」は、若いマルクスが『経済学・哲学手稿』以来もっている根本的な労働観である。ここから大きな二つの分野の問題が生まれる。

一つは生態系・環境の保全という「エコロジー」の分野の問題である。もう一つは人間と人間の関係、すなわち生産諸関係の分野の問題である。

マルクスは『序言』の規定を根拠に「生産力主義者」だとよくいわれる。しかし、エンゲルスの『イギリスにおける労働者階級の状態』に克明に描かれている労働者の衣食住の非人間的困窮状態をみても、〝地球環境保全のためにこれ以上の生産は必要ではない〟といえた筈がない。〝もっと多くの財貨を〟というのは当然である。これをもって「生産力主義者」というのであれば、マルクスはその通りであった。しかし同時に、マルクスが「エコロジー」の思想も若いときからもっていたことも事実である。したがっていえることは、マルクスは「生産力至上主義者」ではなかったということである。

第二の分野の問題は、資本主義的生産関係のもとでは、資本家と労働者との「合意」によるものではあれ、労働者が剰余労働という強制労働をさせられている状態のことである。マルクスはこの第二の分野にしか関心がなかったとよくいわれる。しかしみてきたように、労働の二つの側面を統一的に捉えていた。反対にわれわれが労働というものをここまで深く考えていたであろうかと思う。

生産性こそ富の拡大要素

マルクスは以上のことを『資本論』第三巻の「諸収入とその源泉」のところで改めて集中的に展開している。ここで本来の労働の生産性とは何かについてのマルクスの素晴らしい考えが示されている。

マルクスは、一般論として富を拡大するためには労働時間を延長する方法と「生産性」を向上させる二つの方法があるが、どちらが本来の労働にとってふさわしいかと問い、後者であると次のように述べている。

「一定の時間に、したがってまた一定の剰余労働時間に、どれだけの使用価値が生産されるかは、労働の生産性に依存する。したがって、社会の現実的富と、社会の再生産過程の恒常的な拡大の可能性とは、剰余労働の長さに依存するのではなく、剰余労働の生産性（傍線は引用者）、および剰余労働が行なわれる生産諸条件の多産性の大小に依存する」⑬（一四三四ページ）

富の生産をこのように生産性と結びつけ、原則論として論じていることは重要である。私は第二章で専門家の意見として、マルクスのいう「生産性」は実用的・技術的用語であると述べ、この引用文を例証としてあえてあげておいた。しかし重要なことは、それが「新たな社会形態」のもとでは逆に積極的な深い意味に転化していることである。これまでの生産性概念は、資本家が労働者に押し付ける過密労働として否定的に扱われてきたが、それは資本主義的充用がそうさせるのであって、マルクスは資本主義がその「諸要素を創出」する「より高度な新たな社会形態」ではこの生産性が違う様相として現われるとしている（同右、一四三三―四ページ）。

マルクスはこのことを人間の「自由」の問題と結びつけて展開する。これは唐突に感じるが、生産性向上は本来、自由な人間をつくりだすものだとする考えと結びついている。それは次のとおりである。

2、「生産力」概念の転換

「最小の力の支出で」

新たな社会でも「物質的生産」は当然必要であり、それは「自然的必然性」であるが（マルクスはそれを「必然の王国」と呼ぶ）、剰余労働はもはや他人のための労働ではなく、自分自身のための労働になる（社会保険・再生産に必要なものを除いて）。したがって、剰余労働時間は労働が強制される時間ではなく、生産者自身が処理しえる自由な時間になる。その結果、労働時間を短縮することができる。ここに自由が生まれる。

また、人間と自然との物質代謝を、資本家による管理のもとではなく、労働者が自然をも人間をも「合理的に規制し、自分たちの共同の管理のもとにおくこと」（同右、一四三五ページ）ができると述べている。この労働時間短縮と、人間と自然の物質代謝の「規制・管理」という二つのことから生産性についてのマルクスの素晴らしい定式化が生まれる。

「最小の力の支出で、自らの人間性にもっともふさわしい、もっとも適合した諸条件のもとでこの物質代謝を行なうこと」（同右）

ここでの労働こそまさに真の生産性である。労働時間の短縮による「最小の力の支出」で、また人間の尊厳が守られる「人間性にもっともふさわしい」労働組織のもとで、そして人間環境に「もっとも適合した諸条件」のもとで労働する。労働の生産性とは、マルクスにあってはこういうものであったのである。労働の余暇には人間の全面的発展のための自由な人間活動ができる。

同時に自然の側からみれば「最小の力の支出」とは、資源をも最小に抑え環境破壊を阻止することであり、人間性にもっともふさわしい正常な自然と人間の物質代謝が可能になることを示している。先に述べた本来の労働からでてくる二つの分野は統一されている。ここに新しい社会の価値観が示されているのではなかろうか。

マルクスの「生産力」概念は、今日においては財貨をつくりだす「もろもろの諸力」ではなく、労働量も資源もいかに最小の力で財貨をつくりだすか、すなわち「生産性」と捉え直す必要がある。これまでこの箇所はマルクスの「自由論」としてはよく読まれてきたが、現代にあっては「生産力」概念の転換としての「生産性」論と捉え、探究されなければならないと考える。

「生産性」を「技術」問題にしていいか

マルクス研究者の山之内靖氏（東京外国語大学）は、いま私が引いたマルクスの定式を引用していないが、これまで述べてきたことを全体として「生産性」の問題として論じている数少ない一人である（共著『哲学・社会・環境』日本経済評論社 二〇一〇年）。私は氏からマルクス、エンゲルスの世界史像について多くのことを学んできたが、氏はここでは生産性を「技術」としてのみ扱っているため、マルクスの言わんとすることとは逆になっている。

氏は、マルクスは『資本論』のこの部分では、「労働の生産性」という「技術主義的」で「機能主義的」な観点に立っているという。そのためマルクスの主題である「階級闘争」が「意味を失うことになりかねない」と指摘する。というのは人間の欲望は際限がなく、それを「満たす生産諸力の拡大」イコール「技術の高度化」による「消費水準の拡大」という、果てしない「相互作用」をつづけることになり、この「無限循環」の果てに「真の自由の領域」が到来するという、「超楽観的というほかない」将来展望を描いている。マルクスのこうした主張は、「今日のわれわれを脅かしている環境問題の到来をまったく意識させるところがないのは否定し難い」としている。そして氏は、マルクスが後になって『資本論』第三巻で展開したこの観点にみずから「不信の念」を抱くようになったため、『資本論』第一巻のみを刊行し、第二巻、第三巻は書き終えてはいたが生前、出版させなかったのだとしている（以上、前掲書）。

『資本論』第二巻、第三巻発刊の由来については専門家の各種の研究があるのでここでは措いておくが、「生産性」という概念をこのようにただ「技術主義的」に（あるいは否定的概念として）捉えてしまうと、問題を間違ってしまう。マルクスがここで展開している根本思想、すなわち「生産性」の向上が「労働時間の短縮」を可能にし、人間の「自由」と人間の「全面的発展」の根本的要因となるというマルクスの生産性の真の意味とはまったく逆のものになってしまう。

マルクスは消費の拡大という次元で得られる人間の「自由」は、まだ「必然の王国」の領域での「自由」であり、その「彼岸」に「真の自由の王国」があるという。労働時間の短縮がますます進み、労働が生活維持のためではなく（それはすでに実現されている）、人間発展「それ自体が目的である」ようになるとき「真の自由の王国が始まる」（⑬一四三五ページ）と述べている。

3、「人間性にもっともふさわしい」労働を！

以上のように定式化されたマルクスの生産性概念は、将来の社会のためだけではなく、現在の資本主義制度のもとで苦しむ労働者の闘いのスローガンでもある。「賃下げなしの労働時間の短縮」要求は切実なものであり、現在の闘争と未来社会の価値観とが結びついた変革の道筋を凝縮して示したものである。労働者の掲げなければならないスローガンは明白である。

「最小の力の支出で、みずからの人間性にもっともふさわしい労働を！　そして自由を！」

これこそ変革の主体を確立し、「社会革命」を始めるための闘いのスローガンであろう。若い世代にも理解される価値観であるとも思う。

生産力は今後とも発展するとか、あるいは発展させなければならないといった議論は、『序言』

の文言にとらわれすぎるために起こるのではなかろうか。技術革新・テクノロジーの発展にたいするニヒリズムがあるとき、また「エコロジー」の面からも、あるいはいまあらためてその重要性が問われる農業の面からも、このスローガンのもつ実践的意味は大きいと思う。

さらにいえば、現代は「脱成長」あるいは「ゼロ成長」時代である。こう主張することにたいし、「富の縮小論」だとか「単純再生産論」だとか「人間の欲求による生産力の拡大は必然」といった反論がだされる。しかしＧＤＰが伸びないのは事実であり、否定しようがないことである。労働時間の短縮と資源の最小支出による、真の人間的な生産性を基軸とした財貨・サービスの産出こそ、この時代に合致した経済のありかたである。

東京から名古屋まで新幹線で二時間で行けるのに、なぜ五・五兆円をかけて四〇分で行けるリニア新幹線をつくらなければならないのか。さらに大阪まで九兆円をかけて建設しなければならないのか。なぜ「空飛ぶタクシー」をつくらなければならないのか。これで「経済成長」が図れるとするならば自然と人間は破滅する。

資本主義は利潤追求のために無限の経済拡大をしつづけなければならないシステムである。このシステムには未来はなく、終わらさなければならない。この闘いはいまから始めなければならないし、始められる。

いま企業の「社会的責任」（ＣＳＲ）が問われ、大企業もそれをいわざるを得なくなっている。労働者、市民が企業を監視し運営に参加し、生産性をわがものにする闘争はいまからでも開始できる。社会主義を実現するためには生産手段を社会化しなければならない。これは権力を獲得してからでなければ基本的にはできない。現在の闘争を「新しい社会システム」をめざす闘いと結びつけて始めようとする場合、もっとも重要なことは公正な分配と生産性の労働者化である。ＡＩ時代の到来にあたって、このことは切実に求められるところである。

私はある研究会でマルクスの「最小の力の支出で、……」部分を引きながら、その重要性を指摘したところ、ある学者が〝それは生産性の話ではないか〟と吐き捨てるようにいった。生産性問題がこの程度にしか理解されていないことに非常に驚いた。その後、二〇一六年に慶應大學であった「第五回日中理論会議」で同様の発言をしたところ、一人の中国の学者が〝生産性と生産力の関係についての非常に興味ある発言だ〟と評価した。

4、レーニンと生産性

ソ連崩壊後、レーニン批判が鋭いほど知的能力が高いようにいわれる風潮が強い。レーニンが

「ソヴィエト政権プラス電化＝共産主義」というスローガンを掲げたことが、「全体主義国家」をつくる原点になったなどということが、知識人の口から平然とでるほど知的劣化は酷いものがある。しかし実際に社会主義建設に取り組み始めたレーニンの言明をよく聞いてみる必要がある。レーニンは「生産性」の向上を社会主義が資本主義に勝利する要とした。

「生産力」ではない

遅れたロシアで社会主義建設に本格的に取り組んだとき、レーニンはロシアには天然資源が豊富にあり「生産力の空前の進歩の基礎」はあるが、「ロシア人は先進諸国民とくらべると働き手としては劣っている」として「生産性」向上を特別に重視した。

「どの社会主義革命でも、プロレタリアートによる権力獲得という任務が解決されたのちには……資本主義よりもいっそう高度な社会的経済制度をつくりだそうという根本任務が、かならず首位におしだされるようになる。すなわち、労働の生産性の向上、およびそれと関連した（またそのための）いっそう高度な労働組織がそれである」（「ソヴィエト権力の当面の任務」『全集』㉗二五九ページ）

これは国民に労働強化を押し付けるものではない。先進的なものを取り入れようという考えである。具体的にはレーニンは国民の教育と文化水準の向上、労働組織の改善をあげるとともに、アメリカの工場管理方法の一つである「テーラー・システム」の「洗練された残忍さ」ではく「科学的で進歩的」な側面を学ぶことが必要であり、資本主義の「一連のきわめて豊富な科学的成果」を「自分のものとしなければならない」と強調した（同右二六一ページ）。

われわれ日本人は資本主義を十分に「学んだ」はずである。そこからマルクスの示した本来の生産性へ到達することは、遅れたロシアでやるより、よほど早い事業である。レーニンの優れた点は、「生産力至上主義」に陥るのではなく、ロシアの後進性を認識したうえで「生産性」の重要性を自覚していたことにある。

自発性こそ「生産性」

レーニンはまた、労働者が強制ではなく自発的に労働することが、社会主義の基礎であると考えていた。それがとりもなおさず生産性を高め社会主義建設を成功させる元であった。

「二〇世紀の社会主義」の失敗は、労働者が労働のモチベーションをもてなかったところにある。レーニンは反革命との戦いという内戦の特殊事情があったにせよ、モスクワの鉄道労働者が自発的に土曜日に無償で労働したとき、それに感動し、これこそ生産性を向上させ資本主義に勝てる

「偉大な創意」と呼び、次のように強調した。
「労働生産性は、結局のところ新しい社会制度が勝利するために、もっとも重要な、もっとも主要なものである。資本主義は、農奴制度のもとでは見られなかったような労働生産性をつくりだした。資本主義は、社会主義が、新しい、はるかに高度な労働生産性をつくりだすことによって、最終的に克服されることができるし、また最終的に克服されるだろう」「共産主義とは、自発的な、自覚した、団結した、そして先進的技術を利用する労働者の、資本主義的労働生産性にくらべてより高度の労働生産性である」(「偉大な創意」『全集』㉙四三一―四三二ページ)

実際に社会主義建設に取り組んだ人物の言葉は重い意味をもっている。現在の日本では「生産性向上」がもっぱら資本家による労働者の搾取強化の用語になっているが、われわれの言葉として取り返さなければならない。先進国では「生産性向上」は自由時間の拡大のための、精神的能力の発展のための諸条件をつくりだすものである。先進的技術を身につけた「結合した労働者」こそが、マルクスが『資本論』で強調していた新社会（社会主義・共産主義社会）の基礎であったのではなかったか。

先進資本主義国における今日の時代は、生産力を発展させる時代ではなく、マルクスがいうもっとも人間らしい生産性が発揮されなければならない時代なのである。

第六章
なぜ変革主体の形成は難しいのか

い。

ところで、『序言』に戻り検討しなければならない重要問題は、今日の先進資本主義国で社会変革の主体がどのようにして形成されるのかという点である。先に就職「氷河期」の世代に明らかに変化がおこっていることを紹介したが、全体としてみれば変革の主体はまだ形成されていない。

『序言』では上部構造と「たたかって決着をつける」と書かれており、階級闘争のことが完全に無視されているわけではない。この言葉は、社会の構造的把握のための鋭く一寸の隙もない文章のなかで、唯一「生身の生きた」言葉として際立っている。しかし、変革主体がどう形成され、「決着をつける」かの中身には触れていない。なぜかについてはいろいろ貴重な説があるが、それとは別の問題として重要なのは、実はマルクス自身がこの問題で悩んでいたことである。

『序言』を訳出した宮川彰氏（首都大学）は、「階級」とか「階級闘争」といったカテゴリーが『序言』にはでてこないとし、その理由は、『経済学批判』をブルジョア経済学者に読ませるためには、初めから〝刺激〟を与えないほうがいいというマルクスの配慮からだとしている。不破哲三氏は、ドイツ語で初めて資本主義批判を出版するので、ドイツのブルジョア派を初めから〝おじけづかせない〟というマルクスの気持が、ラサールあての手紙ににじみでているとしている。牧野広義氏（阪南大学）は、宮川氏を批判しつつ、「階級闘争」という言葉は確かに使っていないものの「衝突」、「敵対」、「社会革命」とか、「ブルジョア社会」をもって「人間社会の前史は終わる」と述べるなど、その内容は入っているとしている（宮川彰訳『「経済学批判」への序言・序説』の「解説」、不破哲三『古典への招待』上巻、牧野広義『マルクスの哲学思想』参照のこと）。

私が問題にするのは労働者が階級闘争をしなくなったという問題である。

1、「ブルジョア化」した労働者――マルクス、エンゲルスの悩み

イギリスの労働者階級の困窮状態を克明に描いたエンゲルスの『イギリスにおける労働者階級の状態』は、一八四四年から四五年にかけて書かれた。それから約二〇年後の一八六三年にその新版をだすことが問題になったとき、エンゲルスは時期が適当ではないとして断った。エンゲルスはそのことをマルクスに伝えたさい、理由は「今はいっさいの革命的エネルギーがイギリスのプロレタリアートからほとんど完全に蒸発しているし、イギリスのプロレタリアートはブルジョアジーの支配に完全に同意している」からだというものであった（一八六三年四月八日付書簡『全集』㉚二七一ページ）。

マルクスも「どんなに早くイギリスの労働者たちが彼らの外観上のブルジョア的汚染から解放

されるかは、まだ待ってみなければならい」と応じている。続けて次のようにぼやいている。
「君の本を読み返してみて、僕はしみじみと老年を感じさせられた。今なおこの本のなかでは、なんと新鮮に、情熱的に、大胆に先取りして、学者的で学問的な狐疑逡巡なしに、事物が把えられていることだろう！　そして、あすかあさってにはその成果が歴史的にも一躍現われ出るであろう、という幻想さえもが、全体に暖かさや陽気なユーモアを与えているのだ――それに比べれば後年の『灰色一色』は恐ろしく不愉快な対照をなしている」（一八六三年四月九日付書簡　同右二七四―二七五ページ）
レーニンは、マルクス・エンゲルスの往復書簡を熱心に読んで抜粋と感想をノートに書きつけている（『マルクス・エンゲルス往復書簡摘要』）が、ノートの最後にはエンゲルスのマルクスに宛てた一九五八年一〇月七日付書簡の次の部分をロシア語に訳出している。
「イギリスのプロレタリアートは事実上ますますブルジョア化していき、そのためすべての国民のなかで、このもっともブルジョア的な国民は、最終的にはブルジョア的貴族とブルジョアと並んでブルジョア的プロレタリアートをもつことを望むところまで、恐らくいきつくであろう。全世界を搾取しているこのような国民の側からすれば、それはある程度当然なことなのであろう」（参照『全集』㉙二八〇ページ）

イギリスで初めての経済恐慌が起こったのは一八二五年であり、その後一〇年ごとに恐慌が起きている。しかし、労働者が革命的志向性をもたないことに驚き、マルクス、エンゲルス自身が考えこんだのであった。エンゲルスもレーニンも、イギリスの労働者が「ブルジョア化」したのは、植民地からのあがりがあるからだと考えた。しかし植民地体制が崩壊した今日、先進資本主義国の労働者の思想的気分はどうなのであろうか。

2、複雑な現代の労働者――「ブルジョア化」と貧困化

『序言』を現代において読むとき、このことを考えることなく、ただマルクスの定式をくりかえしても、それは「暗記もの」を読んでいるようであまり意味がない。

日本の状況はどうであろうか。先にみたように、いま日本の労働者は「生産性向上」を押し付けられ悩み苦しめられ、労資関係が歴然として存在しているにもかかわらず、労働者の階級意識は薄れている。こういう問題を解明するにはマルクス主義だけでは不十分である。「社会学」が必要である。その手法を取り入れて若干のことを述べてみる。

いま多くのサラリーマンは株を買っており、その動向に強い関心をもっている。東京証券取引

所の調査によれば、二〇一八年度の個人株主（名寄せ後）は約二〇〇〇万人に達している。このなかには当然、資本家が入っているが、資本家は中小企業の社長を含めても約二五〇万人に過ぎないので、六〇〇〇万人いるといわれる労働者の大よそ三分の一が株を買っていることになる。「ゼロ金利」が続くなかで銀行預金より株に頼る傾向が強いのを否定するつもりはないが、結果として資本主義経済の安定性を望まざるをえなくなるのは当然である。

また国税庁の調査によれば、中小企業の社長の年収は資本金二〇〇〇万円未満の企業では六〇五万円、資本金五〇〇〇万円の企業で一〇九三・五万円、一億円以上で一三九二・二万円である（国税庁調査二〇一九年）。同じ調査で大企業の四〇歳の社員の年収は平均六八〇万円、年齢がそれ以上になり役職がつくようになれば年収一〇〇〇万円を越える社員が多数並んでいる。マルクスたちが嘆いたイギリスの労働者以上に、日本の労働者の「ブルジョア化」がおこっていることは否定できないであろう。

「社会的移動」とイデオロギーについて

社会学には「社会的移動」という概念がある。父親の階級的地位と子どもの階級的地位の到達点をはかる際に用いられる。父親のそれを「出身階級」と呼び、子どものそれを「到達階級」という。

日本では戦後長期にわたり、教育・知識の獲得・スキルの向上による「社会的移動」の可能性が存在し続けた。社会学の調査によると、戦後から一九九〇年代までは「到達階級」がブルーカラー（親）から上層ホワイトカラーとなる可能性が高く、約七割が上昇している。戦後からこの間の変化は、労働者とその家族に「脱階級」の意識を引き起こしたことは確かである。よく「中間層」といわれるが、それは「失ってはならない」私有財産をいくつももっている階層である。

社会学の調査では、二〇〇〇年代に入って上昇が止まり、最上層と最低層が固定化する傾向が強くなっている。たしかに二〇〇〇年代に入り非正規雇用労働者の急増、正規から非正規への移動、シングルマザーの悲劇的状態など、「ブルジョア化」などといっていられない状態が歴然として存在する。逆に下降への「社会的移動」が急速に起こっている。しかし、戦後日本資本主義の様相変化は労働者に大きな思想的影響をあたえ、状況は複雑ではあるが、全体としてマルクス、エンゲルスが悩んだ問題は現在でも同様な問題として残っている。

一九九〇年代以降の思想状況に関して付け加えるならば、一九九一年のソ連崩壊による社会主義思想の衰退は労働者に著しい影響をあたえた。〝ソ連は社会主義ではなかった〟といってみても、それが理解されるにはほど遠い状況である。こうしたなかでイデオロギー対立は無くなったというイデオロギーが広くいきわたった。保守主義・個人主義が蔓延し、それが貧困層までも含めた一般的特徴的となった。マスメディアによるイデオロギー統合も大きな影響力をもっている。

こうした状況を全体として捉え、どう対処したらいいのであろうか。マルクス主義がよく非難されるのは、「悪い部分」しかみないという点である。もしマルクス主義が資本主義の一層の悪化に変革の契機をみるとしたら、それは社会が一層悪くなることを期待していることになる。これでは国民から受け入れられないことは確実である。全体をみて何がいえるのか、何を打ち出すかがもっとも重要なことである。

3、人間であることの強調を

私は二つのことを指摘したい。

第一は、人間の尊厳が確立された「人間らしい生活」という考えを前面に打ち出すことである。それは「ブルジョア化」した労働者も非正規雇用労働者も共通して求めていることではないだろうか。すでに生産性のところで検討したので繰り返さないが、大企業の正社員でも労働のありかたについては非正規社員と同じ悩みをもっているはずである。マルクスの時代と比較して現代の先進資本主義国の労働者の生活は「資本の文明作用」によって大きく向上した。『イギリスの労働者階級の状態』を読めば一目瞭然である。しかし先進国の労働者でも「人間としての自分」を見つめたとき、そこにある自分は企業の論理に引き回されている不本意な自分であることを知るであろう。哲学者の碓井敏正氏（京都橘大学）が次のように述べているのは重要である。

「動物の行動が本能に基いているのに対して、人間が人間である所以は、自らの理性的判断に基づいて自己決定ができるところにある。われわれが一番怒りを感じるのは、物質的に貧しい状態にあるときではなく、自らの問題を他者によって決められたとき、あるいは自己決定の機会を奪われたときである。このようなとき、人は自らの尊厳を深く傷つけられたと感じるわけである」（『革新の再生のために』文理閣二〇一二年）

人間であることの強調は現代にあって特別な意味がある。

第二に、現代の先進資本主義国では人間に親和的な分野の労働が大きく増大していることに注目することである。医療・介護・子育・教育の分野がそうである。これは階級関係だけでは捉えきれない分野である。人間を大切にするという精神がなければなりたたない労働である。

この分野では医療・介護職員だけで四〇〇万人以上（二〇一七年厚生省）という状態であり、しかも大幅に不足している。今回のコロナ禍はそれを如実に示した。子育て・教育でもさまざまな矛盾が起こっている。そのほかの分野でも同様な問題は様々ある。「まえがき」で述べたドイツの思想家・ハーバーマスは早くからこの問題を提起し、変革の主体形成問題で一石を投じていた。

ハーバーマスの批判的検討は「補論」で述べるが、労働者の階級意識が薄れたとはいえ、「人間」としての、あるいは「市民」としての意識は「文明」の発展とともに高まっていることを重視する必要がある。これは変革の主体形成問題をみるうえで重要な視野である。吉田傑俊氏（法政大学）は、労働者が階級性と市民性を同時にもっていることを原理的に解明し、マルクス自身にこの同時性があったとしている。氏は、「マルクスは階級社会または階級闘争の理論家とみなされているが、そうであるだけではなく、彼は一貫した市民社会の理論家でもある」（『市民社会論―その理論と歴史』（大月書店 二〇〇五年）と述べている。このことはマルクスにもう一度戻って問題を検討するうえでの重要な指摘であることを強調しておきたい。

現実に進むもう一つの運動

もう一つ指摘しておきたいのは、今日の先進資本主義国では、変革の運動が現実に進んでいることである。資本主義がなぜまだ存続し続けるのかを、資本主義の生産諸力がまだ発展しきっていないからだと主張するなら、おそらく資本主義はいつまでたっても潰れないであろう。「出口のない危機」というのはないからである。

しかし先進資本主義国の胎内にも、よく現実を検討すると次の社会の物質的諸条件だけではなく、新しい生産諸関係に繋がるものが生まれていることがわかる。協同組合、NPO、社会的企業、地域コミュニティーなどである。これらは昔流にいうとプルードン的「小ブルジョアジーの幻想」だとして排除されてしまうところだが、現代では大きな意味をもっている。「小さなことから始める」というのも社会変革にとって重要なことである。二〇二〇年一二月に労働者協同組合法が全会一致で成立した。

もちろんこうした「小さなこと」の積みかさねだけで資本主義社会が変わるわけではない。国家を変え、大企業を労働者のものにしなければならない。しかし、まず権力を取ってからすべてが始まるとするソ連流「プロレタリア執権」戦略では、資本主義社会の胎内にある各種の前進的運動を見る目を曇らせる結果になる。このことも重要な視角である。

「言論の世界」と論争

いま労働者は生産現場で闘争をしなくなった。そのうちするであろうと期待するのでは、あまりにも他人まかせの話である。いま一番政治に影響力のあるのは「言論の世界」である。世論が政治を動かしているといえる。「言論の世界」で勝つか負けるかが決定的である。ということは論争という形態でもっとも激しい闘争がおこなわれているということである。この論争のなかで変革の主体が形成されていくことを重視しなければならない。同時に変革を目指す側でも、つねに戦略・戦術を練り上げなければならず、その議論を大いにする必要がある。

現代ではこれまで述べてきたことを視野に入れなければ変革の主体形成という問題を論じることはできないし、変革の理論にはならないであろうと思う。

ここで『序言』がどう現実に合致してきたかどうか、その特徴的なことを歴史的に回顧してみたい。そこから得られる教訓は大きなものがあると思う。

4、エンゲルスの貴重な忠告と歴史の回顧

まず、晩年のエンゲルスが、史的唯物論そのものについて貴重な忠告をおこなっていることを想起したい。エンゲルスは、史的唯物論は歴史的にも実際の検証が必要であり、それなしでは公式にすぎず、現実的意味がないと忠告している。

エンゲルスは、「われわれの史観は、なによりもまず研究にさいしての手引き」であって「歴史全体が新たに研究されなければならず、さまざまな社会構成体の存続条件が一つひとつ探究されなければならぬのであって、……この面では、これまでほんのわずかのことしかなされていません」という。そのうえで、われわれはこの面では「多大な手助け」が必要なのであって「史的唯物論というきまり文句を使って、もっぱら自分自身の比較的貧弱な歴史的知識を大急ぎで体系化」するようなことをしてはならないと警告している（コンラート・シュミットへの一八九〇年八月五日付書簡『全集』㊲三八〇ページ）。

ヘーゲルとマルクス

そもそもマルクスが『序言』で「大づかみに」いってとして、人類史を「アジア的、古代的、封建的および近代ブルジョア的生産様式」と区分し、これをもって人類の「前史は終わる」と定式化したのは、ヘーゲル批判でもあるが、同時にヘーゲルからの示唆が大きい。ヘーゲルは『歴史哲学』で「世界史は東から西に向かって進む。というのはヨーロッパこそ実に世界史の終わりであり、アジアはその端緒だからである」と述べている（『歴史哲学』上巻 岩波書店 一九五四年）。ヘーゲルは共同体、奴隷制、封建制の概念をもっていた。しかし「世界史の実体をなすのは精神とその発展過程である」とし、世界史の発展過程を「東洋世界」、「ギリシャ・ローマ世界」、「ゲルマン世界」と三区分した「ゲルマン世界」には近代の「市民社会」も含まれている。

マルクスは、ヘーゲルを「頭で立っている」と批判し、「足で立つように」ひっくり返したとし、世界史は「生産様式」の発展であるとした。しかし世界史区分のヒントは、明らかにヘーゲルに負うところが大きいと思う。マルクスのことであるから徹底して文献を読んだと思うが、マルクスによるこの転倒がすべて綿密で、十分な事実関係の調査・研究によって達成されたものかどうかは分からない。エンゲルスがいうように「多大な手助け」がないと完全なものにはならないであろう。

マルクスが観念論ではなく唯物論的根拠によって人類史を区分したことのもつ意義は大きいが、エンゲルスがいうように、史的唯物論は「手引き」であって、実際の歴史は複雑であることは、十分念頭に入れておかなければならない。

文化人類学は人類の発達史を実証的にエビデンス（証拠）にもとづいて研究する学問である。有名な話だが、マルクス、エンゲルスはいまでいう文化人類学者であるルイス・モルガンの研究から階級闘争のなかった社会があったことを知り、「これまでのすべての社会の歴史は、階級闘争の歴史」であったとする『共産党宣言』に修正を加える必要性を悟った（エンゲルスは『共産党宣言』のドイツ語版への序文で「太古の土地の共有の崩壊以後」、英語版への序文では「土地を共有している原始的な氏族社会の解体以降の」全歴史は階級闘争の歴史であったという修正をしている）。このようにマルクスの理論は決して閉鎖的な体系ではなく、開かれた理論である。いま「新メガ」のことがよく諸論文で言及されているが、それがこのあたりの問題を解明してくれるのかどうか、期待して見守りたい。

『序言』と実際の歴史

さらにエンゲルスの忠告をうけて考えてみると、『序言』は封建制から資本主義への移行に関しては非常によく当てはまる。しかし、奴隷制から封建制への移行を説明するのには、事実関係が今一つ明確ではない。マルクスは『ドイツ・イデオロギー』で、人間が原始共同体から奴隷制に移るうえでの生産力の発展については述べているが、奴隷制から封建制への移行にあたっての生産力の発展については語っていない。逆にローマ帝国は「大量の生産諸力を破壊し」、「農業は沈滞し、工業は販路の欠乏のため衰微し、商業はすたれるか暴力的にさまたげられ、農村と都市の人口は減少していた」（前掲書一二四ページ）と述べている。

そもそも奴隷制についていうなら、ギリシャ、ローマの典型的な事例を除くと、奴隷というものが存在していても、それが社会発展の一段階として存在したかどうかについては、国によって各種の論争がある。

ゲルマン民族、スラブ民族は社会発展の一段階としての奴隷制度を通過せずに、共同体から封建制度に移行した。中国についても日本についても論争があるところである。全人格が奪われ「ものいう道具」にすぎない奴隷とは違って、少しでも生産手段をもち（分与された土地、鍬など）自主性をいくらかでももった農奴のほうがよく働き生産性があがるとして、生産諸関係の変革を先行させて封建制度をつくった例はありえることである。もちろんこの場合でも、鍬など生産手段の発展があってのことであり、人間の意志だけで生産諸関係をかえることはできず、史的唯物論そのものを否定するものではないが。

レーニンとロシア革命

『序言』には周知のとおり、ある社会構成体はその「生産諸力がすべて発展しきるまでは」没落するものではないというテーゼがある。また新しい生産諸関係は「古い胎内で孵化される」までは「古いものにとって代わることはできない」（『全集』⑬七ページ）というテーゼがある。

メンシェビキはこのテーゼに忠実であったので、遅れたロシアで社会主義をめざす革命はできないと考えていた。レーニンはこの二つのテーゼを意識的に無視し、『人民の友とはなにか』でも『カール・マルクス』でも引用していない。

レーニンのこの決断があってこそ、マルクス、エンゲルス後のマルクス主義の歴史で最大の出来事であったロシア十月革命が成功したことは間違いない。

なぜロシアという（中国も）周辺国で革命が起こったかの理由は明瞭である。人民の物質的生活そのものが、あまりにも貧しく苦痛に満ちたものであり、文字どおり「食う」ためには社会を変える以外なかったからである。「食える」ということと「食えない」ということとは、決定的な、本質的な、誰も否定できない根本的な違いである。先進国革命が遅れているのは、なにはともあれ「食える」からである。生産力は十分に発展している。まだ発展の余地が残されているので資本主義がまだ続くと誰が証明できるのであろうか。「食える」という文明的進歩のうえで何をしなければならないのかが追求されなければならない。

よくレーニンが『序言』あるいは『資本論』に反する革命をおこなったのでソ連は崩壊したといわれるが、経済的にはレーニンが予期しなかった巨大な中央集権的経済機構と官僚制が形成され、それが当然の帰結として機能不全に陥ったことがソ連崩壊を招いたのであった。

ロシア革命後のマルクス主義者

ドイツ革命（一九一八年）、ハンガリー革命（一九一九年）が起こったがそれぞれ敗北し、一九二二年にはイタリアでムッソリーニのファッショ政権が生まれた。これらを客観的背景として、後に「西欧マルクス主義」と呼ばれるようになった哲学的・革命戦略的思想が形成された。

ハンガリー共産党の指導者の一人であるジェルジ・ルカーチは、「変革の主体」となる労働者を経済的側面から客観的に考察するだけではなく、次の社会を人民各層とともにつくる社会変革の実現者であるという主体的側面からも考察しなければならないとした。後者の自覚は革命には不可欠であり、そういう意味で「プロレタアートは歴史の主体・客体の同一性として（歴史に）あらわれ」ているとした。労働者は「無意識」であっても経済闘争をおこなうが、「意識的」変革者の形成は「イデオロギー的闘争というかたちであらわれる」とし、西欧革命の難しさは後者がいかに遂行されるかにあると主張した（『歴史と階級意識』未来社 一九九八年）。

イタリア共産党の創設者の一人であるアントニオ・グラムシは、ロシアでは形成されていなかった「市民社会」を重視した。グラムシのいう「市民社会」は、いまわれわれがいうそれとは違い、支配階級が国家の強制力・暴力で支配を確立しているだけではなく、国民の思想的「合意」をえて支配を維持している側面を重視し、合意が形成されている空間を「市民社会」と呼んだ。具体的には教会、労働組合、政党、学校、世論機関、新聞等々を「市民社会」であるとした。ここで激しい思想闘争がおこなわれているのであり、労働者階級がここで「知的・道徳的優位性」を獲得しなければ変革の事業は成功しないと主張した（『グラムシ選集』第一巻、第四巻収録論文「新君主論」、「新君主論（続）合同出版社 一九六一年）。

哲学的には二人ともマルクスの史的唯物論を支柱としていた。しかし、ルカーチは労働者は本質的には階級意識をもっているが「事務労働への従事・年金制度」等により「見せかけの安定性」を得、「支配階級に出世する抽象的可能性」をもったため、階級性の確立が妨げられているという側面に注意をむけた。グラムシは上部構造と土台との柔軟な関係、人間意識の経済的土台からの一定の自立性、政治の経済からの自立性という側面を重視した。レーニン後のコミンテルンとモスクワは、二人にたいし主観主義的、観念論的として冷笑的態度をとった。しかし私は、現瞬間の社会を捉える場合、経済的土台の生成、発展、没落という歴史の流れとしてだけではなく、その瞬時に歴史の横断面として表れてくるあるがままの社会を捉えなければ、正確な変革の政治的指針を策定できないと考えている。そこでは経済的土台と人間の意識、政治とが渾然一体として表れてくるのであって、二人の思考は重要なものと思っている。

日本でも戦前・戦後にかけて主体性論はあった。特にソ連崩壊後は「マルクス・レーニン主義」

の対抗軸として強調されるようになった。ソ連時代には評価されなかった、マルクスの「ヒューマニズム」を表した『経済学・哲学手稿』の意義が再認識され、「経済主義」に陥る危険性への警告が鳴らされた。

これらは、批判点はあったにせよ、先進国革命にとって重要な意義をもっている。しかし問題は、それがどう実践され、どういう結果をもたらすかである。ロシア革命後一〇〇年が経つが、西ヨーロッパでも変革の主体は形成されていない。これほど発達した生産諸力がいつまでたっても資本主義的生産諸関係と矛盾しないためなのか、矛盾していても先進諸国の人間にはそれが認識されていないからであろうか。いま「西ヨーロッパ・マルクス主義」は、ソ連批判には有効性をもってはいるが、それぞれの自国でそれがどう具体的に生かされ、どういう成果をあげたかの研究がなければならないのではないかという気持をもつ。主体形成に安易な公式があるわけではない。私としてはマルクスの哲学のみを確認しておきたい。

マルクスの哲学

マルクスの哲学は「実践的唯物論」である。マルクスは「現存の世界を変革する」のは「実践的唯物論者」であると主張した（『新訳　ドイツ・イデオロギー』三一ページ）。唯物論者ではあっても現実を眺め、解釈するフォイエルバッハの「観念的唯物論」では社会を変えることはできず、「眼前の事実を実践的に攻撃し、変える」（同右）ことをめざす「実践的唯物論」者が世界を変えると述べている。マルクスは、フォイエルバッハの唯物論は「古い唯物論」であるとし、「実践的唯物論」が「新しい唯物論」であるとした。そして前者の立場は現実を変えないので「ブルジョア的な社会であり、（後者）の立場は人間的な社会、または社会的な人類である」と述べた（「フォイエルバッハにかんするテーゼ」第一〇項、同右、一一三ページ）。「社会的な人類」とは自由な個々人が結合してつくる社会の人間ということであろう。

マルクスにとっては現実への「攻撃」と「人間的な社会」という「目標」の明確化こそ変革主体の形成の最も重要な要因であったといえる。現代にあっては何を「攻撃」し、それを越えた先にどういう社会があるのかを明かにすることが重要である。物質的土台の変化だけでなく、人間こそが世界史つくるものである。私は哲学の初心者であるが、哲学というものは人の心を奮い立たせるものであると思っている。『序言』は「手引き」であり「丸暗記」するものではない。エンゲルスが残した言葉を十分念頭に置いておくことは大切なことと思う。

いま日本の哲学界で「実践的唯物論者」を自認する人は数少ないとのことであるが、先述した島崎は、ソ連・東欧崩壊後、マルクスの哲学思想を「実践的唯物論」と称することは「マルクス・レーニン主義」と同一視することになるとして「深刻な反省」材料にされているが、「社会全体の政治的・経済的な変革を目指すという点で、他の哲学思想と比べてもっとも全体的で有効な考えであると信じている」と述べている（東京唯物論研究会編『燈をともせ』第二八号 二〇一九年）。

グラムシと、その実際

アントニオ・グラムシの哲学は「実践の哲学」と呼ばれるものである。それがマルクスのいう「実践的唯物論」とどう関連するかは議論のあるところであるが、私の関心は彼の精神がイタリア共産党の実際活動にどう生かされたかである。

ソ連崩壊後（イタリア共産党も解体）、私の友人でトスカーナ地方のセーナ県会議長を務めたバレリーニ・マリオに尋ねてみた。彼はリビングの壁に掛けてある農民を描いた一枚のデッサンを指差し、自分の一番好きな絵だといいながら、これがグラムシだといった。トスカーナには戦前、字の読めない農民が多数おり、戦後イタリア共産党は識字運動をおこした。この絵には、そのなかから生まれた一人の農民が、同党の新聞『ウニタ』を食い入るように読む後姿が描かれていた。マリオ自身、家が貧しく小学校しかでておらず農業労働者であった。

グラムシのいう「知的・道徳的優位性」とは一つにはこういうものかと思った。今は歴史になってしまったが、セーナ県は一九七〇年代の国政選挙で共産党が五六％の得票を獲得していた。客体と主体の全体を考慮にいれる思想と様々な運動がなければこれだけの票は獲得できない。

第七章
マルクスの科学・技術論

最後にＡＩ時代がくるといわれる現在において『序言』をどう読むかの問題を検討したい。その際、まずマルクスの科学・技術の発展についての考えをみておきたい。というのは、ＡＩの登場によってマルクスの労働価値説は崩壊したとか、マルクスは労働価値説によって資本主義社会を解明したので、使用価値や科学・技術の発展などには関心が薄かったという意見があるからである。これは新しい情報通信技術ができ「情報社会」がくるといわれた一九八〇年代にもでた意見である。私はこういう意見がくりかえしでるのは、日本で高く評価されているハーバーマスの思想的影響が強いためではないかと考える。彼は次のようにマルクスを批判する。

「（科学・技術は）民間の商品生産の領域へとながれこむ。こうして、科学と技術は第一次生産力となり、マルクスの労働価値説の適用条件をみたさないものとなる。科学技術の進歩が、独立した剰余価値の源泉となり、それにくらべて、マルクスが視野においた、剰余価値の唯一の源泉たる直接生産者の労働力が、だんだん重きをなさなくなる」。「研究と開発のための投下資本総額を、無資格の（単純な）労働力の価値を基準として測ることは、もはや意味のあることではない」（『イデオロギーとしての科学と技術』光文社二〇〇〇年）

しかし、マルクスは科学・技術の発展を軽視するどころか、『資本論草稿』のなかで富の生産がますます科学・技術に依存するようになるという鋭い洞察をしている。

1、『資本論草稿』におけるマルクス

マルクスは『草稿』で、人間の労働量は少なくなり、科学・技術が重要になるとして、次のように述べている。

「大工業が発展するのにつれて、現実的富の創造は、（生きた労働の）労働時間と充用された労働の量とに依存することがますます少なくなり、……むしろ科学の一般的状態と技術学の進歩とに、あるいはこの科学の生産への応用に依存している」（『資本論草稿集Ⅱ』大月書店 四八九ページ）

したがって生産過程での人間（労働者）の役割は「観察者」のようになるとしている。

「労働が生産過程のなかに内包されたものとして現われるというよりは、むしろ人間が生産過程それ自体にたいして監視者ならびに規制者として関わるようになる。……労働者は、生産過程の主作用因であることをやめ、生産過程と並んで現われる」（同右、四八九―四九〇ページ）

それでは労働価値説はどうなるのであろうか。

機械装置の自動体系のもとでは、「機械装置に対象化された価値」に比べれば、「個々の労働能力の価値増殖的力は、無限に小さなものとして消え失せるよう」になる（同右、四七六ページ）としている。あたかも労働価値説はもはや成立しないかのようである。マルクスはそういうことも視野においていたのである。

マルクスは労働価値説を放棄したのか

それではマルクスは労働価値説を放棄したと考えていいのだろうか。

マルクスは『草稿』でも「監視者」としての労働、「規制者」としての労働が必要であるとしている。この労働自体、緊張を要する労働である。資本主義的充用では多大な苦痛をともなう。また当然、マルクスは機械そのものを生産する労働の必要性を念頭に入れていたであろう。さらに、研究に従事する精神労働を単純な肉体労働によって計るわけにはいかないが、計る基準をどこに置くかは別にして、精神労働も労働であって、仮に人間がすべての肉体労働から解放されたとしても精神労働は残るし、残さなければならない。共産主義社会も人間の労働なしには成立しない。

また労働価値説の最も重要な点は、価値を生みだすのは労働であるという一般的定義をくだすだけではなく、資本制のもとで剰余価値がなぜ生まれ、誰がそれを取得するのかという謎を解明することにある。リカードは「機械装置」（生産手段）でさえ価値は生みださず「移転」されるだけだと主張するほどまで徹底した労働価値説論者であったが、剰余価値がなぜ生まれ、価値が生産価格へ転化するという最重要点を解明できなかった。そのため結局は機械が価値を生むという見解に逆戻りするような「資本の生産性」という概念を使ってお茶を濁した。マルクスも「資本の生産性」という概念を使ったが、それはすでにみたように生産性が資本の私的なものになっているという意味であり、まったく違った内容のものであった。

謎を解明したのはマルクスであり、マルクスの労働価値説といえばこの最重要点を抜きにしてはありえない。仮にまったく精神労働しか残らないところまですべてが自動化されても、精神労働は残るし資本制のもとではそれは搾取されるのであって、マルクスの労働価値説が放棄されるわけではない。

2、『資本論』におけるマルクス

労働価値説問題はこのぐらいにし、マルクスについてわれわれが一つの矛盾につきあたる問題をみてみたい。その矛盾とは、『資本論』と『草稿』では、強調点が違うということである。

『資本論』でも科学・技術を生産過程に充用することが、生産力の発展に大きな役割をはたすことをしばしば指摘されているが、先に引用したように「資本主義的体制の内部では、労働の社会的生産力を高めるいっさいの方法は、個々の労働者の犠牲として行われる」(④一一〇八ページ)と述べ、いかに労働者が搾取されているかを縷々あきらかにしている。「機械的自動装置」、「自動化工場」という言葉はでてくるが、『草稿』的叙述はない。

この『資本論』と『草稿』との違いはどこから生まれたのでろうか。この問題については以前から様々な見解がだされている(久野国夫『現代資本主義の生産力構造』参照。青木書店一九九一年)。『草稿』はマルクスの誤りであるという説もある。また『草稿』はマルクスが未来社会のことをいおうとしているのだとする説もある。『草稿』と『資本論』は別々のものであるという意見もある。『草稿』は資本主義から新社会(社会主義)への移行について「技術決定論的傾向」が強かったが、『資本論』でそれを修正したという意見もある。私の意見はどれとも違う。

マルクスは『草稿』で、「機械装置は、それが資本であることをやめたとしても、それの使用価値を失うわけではな」く別の受け皿があるといっている。「資本という社会的関係」が機械装置活用の「最も適当な最良の社会的生産関係だ、という結論はけっして出てこない」(『草稿集Ⅱ』、四八一ページ)としている。

マルクスは使用価値としての機械装置を受け継ぐ一層優れた社会的関係があるといっているのである。したがってマルクスにあっては、資本は労働者を徹底的に搾取することを暴いた『資本論』と、その結果、資本は「自己自身の解体に従事している」（同右、四八二ページ）ことを暴いた『草稿』とは、なんら矛盾することなく統一されている。資本主義から社会主義へ移行する展望をもったマルクスにとっては、それは矛盾ではない。

したがって労働者を搾取することによって成立する資本主義制度を固定的にみたり、あるいは資本主義だけを解明する立場に立てば、資本が自己解体していく『草稿』と『資本論』とは矛盾することになる。『資本論』は資本主義のことを、『草稿』は社会主義のことを論じたというのも、資本主義のなかから社会主義が生まれるというマルクスの統一した考えと違ってくることになる。

機械がもつ二つの側面

『草稿』と『資本論』とが矛盾しない理由はもう一つある。『資本論』は『草稿』の見地を否定しているのではなく、機械装置そのものが二つの側面をもっているからである。

マルクスは労働者が主体となって機械装置を客体として使っている場合と、機械装置が主体となって現われ労働者はその付属物となっている場合とがあり、機械工場にはこの両面があることを指摘している。前者は「大規模な機械設備のありとあらゆる充用にあてはま」るとして、大規模装置をそなえる工場ではこれが一般的なありかただとしている。後者は機械の「資本主義的充用」にあてはまるとし、それは「アウトマート（自動装置）としてのみならず、アウトクラート（専制君主）」となると特徴づけている（③七二五ページ）。

以上のように『草稿』と『資本論』とには矛盾もないし、労働価値説の放棄もない。

3、今日の科学・技術とマルクス思想の原点

今日においては、科学・技術はマルクスの時代とは遥かに違い、巨大な進歩をとげている。これを経済に充用することについては、よくよく考えてみなければならない問題がある。ノーベル賞受賞者の山中伸弥教授は、原子力が生まれ、AIが登場する時代になり「科学技術に携わる者として、今を生きる人々の幸せも大切ですが、長い目でみて、地球の運命を左右する大変な時代にいることを自覚しています」と述べながら、「科学技術は両刃の剣です。幸せになるのか、とんでもないことになるのか。いったん決まると逆戻りはとても難しいでしょう」（『朝日新聞』

二〇一九年七月二〇日付）と、問題の重さに注意を向けている。

以前から、科学・技術を生産過程における物質的・客観的要因として充用するのが当然とする見地がある。また科学・技術とは人間（主体）の意識的・実践的応用の問題であり、生産過程に充用するかしないかは人間の意思にかかわる問題であるとする見地もある。原発を「物質的・客観的要因」と位置づけ電力生産の当然の要因とみなすか、安全性が確立しえない技術である以上、「実践的応用」は絶対にあってはならないとするかは重大な差である。便利であっても絶対に使ってはならない技術というものは存在する。科学の発展を当然、尊重しながらも、それを技術として経済活動に充用するかどうかは、人間の意識が決定するものであると考える。かつて技術論にかかわる哲学的論争があった。私はそれを僅かしか追跡していないが技術に関してはそう思う。

『経済学・哲学手稿』について

マルクスはどう考えていたのだろうか。図式的には『草稿』からいけば科学・技術の推進者である。『資本論』でいけばその反対者である。しかしその統一者であったこともいま述べたばかりである。それでは本書の主題である『序言』からみればどうなるのであろうか。

今日の社会ではインターネットを使わない日はなく、街中には監視カメラが設置され、個々人の膨大な情報が蓄積され、それがどこでどう使われているかもわからなくなっている。また日本に本社のない巨大ＩＴ企業（ＧＡＦＡ）が闊歩し、国境をこえて勝手気ままに稼ぎまくっている。マルクスがこういう社会をみたならば、それを等閑視することはありえない。前章で検討したことであるが、マルクスは労働の最小の支出によって高い生産性を実現し、それによって労働時間の短縮と自由時間の拡大による人間の全面的発展を目指した。労働者が生産過程で監視されるだけではなく、自由時間ですら監視を受けているような監視社会をみて、マルクスが科学・技術の進歩として歓迎するはずがない。だとするなら、本書の主題どおり『序言』の読み方は改める必要があるということである。

ただ、マルクスのもともとの哲学思想の原点は知っておかなければならないであろう。若いマルクスの『経済学・哲学手稿』には人間の尊厳を確立しなければならないとするヒューマニズム（人間主義）が貫かれている。ここには若きマルクスの「西欧合理主義」への反発がある。そしてヒューマニズムとナチュラリズム（自然主義）が融合し、人間は自然と融合し、人間は人間として融合することこそ、マルクスの「共産主義社会」であった。若いマルクスはこれを総括して次のようにいう。

「この共産主義は成就されたナチュラリズムとしてヒューマニズムに等しく、成就されたヒューマニズムとしてのナチュラリズムに等しく、人間と自然との、また人間と人間とのあいだの相克の真の解消である」（『全集』㊵四五七ページ）

これがマルクス思想の原点である。そこには科学・技術の資本主義的充用（西欧合理主義）への反発があった。ということは科学・技術の人間的・主体的応用がマルクスの技術論であったといえる。それはＡＩをみる目にも大きな光をあててくれていると思う。

なお、ヒューマニズムに貫かれた若きマルクスの『経哲手稿』と、生産力の発展に貫かれているという成熟したマルクスの『資本論』と、さらに農村共同体から直接、社会主義への移行が可能とする「最晩年のマルクス」（ロシアの革命家・ベラ・ザスーリッチへの手紙）との差をどう捉えるかで論争があった。『経哲手稿』と決別して『資本論』に至ったとする説、『資本論』は誤りであり『経哲手稿』と「晩年のマルクス」が一貫したマルクスの思想であるという説、『資本論』を書いたにしても「最晩年のマルクス」は「初期マルクス」に回帰したという説がある。しかしどんな偉人でも思考は発展するものであり、また取り上げる主題によって論じかたも変ってくるものである。

第八章

ＡＩ時代は資本主義の終焉か永続か

ＡＩ時代と『序言』について検討し、本論の終わりとしたい。ＡＩ問題はまさに「生産力」か「生産性」かが問われる大問題であり、本書の主題がここに凝縮されている。

いまＡＩ（人工知能）は時代の最先端の問題として押し出されている。本屋にはＡＩ関係の本が溢れている。理科系大学の学生募集広告もＡＩ技術の習得をうたい文句にしている。また政府は、ＡＩやＩｏＴ、ロボットなど新技術を駆使することによって、日本社会は「Ｓｏｃｉｅｔｙ５・０」になるという。「Ｓｏｃｉｅｔｙ１・０」は「狩猟社会」、２・０は「農耕社会」、３・０は「工業社会」、４・０は「情報社会」であり、その後に来る社会が５・０であるとしている。内閣府の説明によると、それは「モノやサービスを、必要な人に必要な時に必要なだけ提供される」社会であり、「あらゆる人が快適に暮らすことができる社会」であるという。しかも、「これは一人一人の人間が中心となる社会であり決してＡＩやロボットに支配され監視されるような未来ではありえません」といい、「人間中心社会」なるものを強調している（以上、「第五期科学技術基本計画」二〇一六年）。

マルクス主義は生産諸関係を重視し、人類の発達史を「原始共同体」、「奴隷制社会」、「封建社会」、「資本主義社会」と「社会主義・共産主義社会」と捉える。しかし一方で、「Ｓｏｃｉｅｔｙ００」といった人間の能力・技術そして科学の発展の視角から、この人類社会を捉えようとすること自体を否定するものではない。

ただ他方で、マルクス主義者が「Ｓｏｃｉｅｔｙ５・０」といった科学・技術論的社会論にどういう態度をとるかは、重要な今日的問題である。ＡＩが導入されれば大量の失業者がでることは多くの人々が指摘している。マルクス主義者がそのときになれば反対闘争をすればいいだけの話だとするならば、ラダイト運動と本質的に同じことになる。ＡＩは単なる情報通信テクノロジーとは違う。ＡＩは人間の精神労働を代替するものである。人間を労働過程のみならず精神労働（技術、教育、医療等）からさえ疎外する。ＡＩの文明的進歩の側面を積極的にみるとともに、まさに「人間中心社会」にするためにどうすればいいのであろうか。ＡＩの本質を知り、それを民主的に管理する議論を、いまから大きく盛り上げていく必要がある。

１、ＡＩについての理解

まず私のＡＩ理解について述べたい。ＡＩの定義は学者のあいだでも定まっていないとのことである。しかしＡＩとは膨大な情報を与え、それを高速度で処理し、ものごとを認識し予測し判断する、人間と同じような、あるいはそれ以上の知的処理能力をもつコンピューターシステムである、という認識は共通のものとして成立するのではないかと思う。ただ踏み込んでみると複雑でいろいろな差がある。

ANA（全日空）ホールディングスは、目を動かすことしかできなくなった寝たきりのALS（筋萎縮性側索硬化症）患者の目の動きをセンサーがとらえ、端末のロボットに指示をあたえ、ロボットがカフェでコーヒーを運ぶ仕事をし、患者が給料をもらえるようにする実験を公開した。しかしこれはAIではない。このロボットは人間の指示で動き、人間のコントロール化にあるからである（小塚壮一郎『AIの時代と法』岩波新書 二〇一九年）。

AIと従来の機械との違い

AIとは、人間に指示されず、自ら判断し課題を遂行するシステムである。これが従来の機械と質的に違うところである。従来の機械は、人間の手の仕事を代替する作業機をもっているところに最大の特徴があった。たしかに一九八〇年代にロボットやコンピューターが現われ、人間の手作業に取って代わった。しかしこれは、人間の指示とコントロール下で動くものであり、作業機の延長上のものであった。一九九〇年代には「情報通信技術」（ICT）革命がおこり、事務労働・開発・計画など、人間の頭脳労働の一部を代替し自動化した。しかしこれも、人間の指示で人間の頭脳労働の一部を代替するものであった。ＡＩは自らの判断で手作業も頭脳労働をもおこなう。ここに従来の機械類との本質的違いがある。

しかしＡＩにも二種類ある。一つは、ある限定された範囲内で課題を遂行するＡＩである。簡単な例でいえば、無人自動車や「空飛ぶタクシー」（パイロットのいない小型ヘリコプター）である。また「スマート工場」である。これは工場内の膨大な数の機器をネットで接続し、情報管理や運営をはかり、生産性を著しく高めた自動工場のことである。こうしたＡＩは「いまあるＡＩ」、あるいは「弱いＡＩ」と呼ばれている。

もう一つは、感情や知性の面でも人間と同じか、それをも超えるといわれているＡＩである。これは「これからのＡＩ」、「強いＡＩ」と呼ばれている。しかしこれには限界があると考える。

ＡＩが越えられない限界

コロナ禍で東京交響楽団がドボルザークの交響曲「新世界」の演奏会を成功させた模様を放映したのをＢＳテレビでみた。楽団員がＡＩロボットでは絶対にこの感動を表すことはできないと断言していた。

ＮＨＫ第一テレビが放映した「ＡＩの美空ひばり」が歌う新曲なるものを聞いた。涙を流して聞いている数名のおばあさんの姿がほんの数秒間映されたが、私にはなんの感情も湧かなかった。人間の感情にも訴えるＡＩは、「これからのＡＩ」、「強いＡＩ」とされている。しかしそういうＡＩが実際に登場するとは思わない。なぜなら人間の欲求は無限大であるといわれるが、感情までも人間に取って代わるものをつくりだしたいという欲求が、まともな人間的欲求とは思えないからである。もちろん、介護をおこなうＡＩが対象者の感情を読み取ることは重要であり、その開発を否定するものではない。

しかしこれは仕事の必要性からおこる感情であり、人間が本能的にもつ恋愛感情や喜怒哀楽をＡＩが代替することはできない。そのようなＡＩはそもそも不必要である。

それでは知性の問題はどうであろうか。例えば経済学でいう「使用価値」という概念を初めて生み出したのは誰であろうか。また商品Ａと商品Ｂがある量で交換されるのは、そこに「同等性関係」（価値）があることを発見したのは誰であろうか。アダム・スミスでもリカードでもマルクスでもない。紀元前三〇〇年代のギリシャの哲学者・アリストテレスである。近代的道具は何もない時代である。人間の知的能力の深さを思い知らされる。マルクスは『資本論』のなかで、「アリストテレスの天才は、……光り輝いている」（『全集』㉓ａ八一ページ）と驚嘆している。

ＡＩが人間の頭脳を代替する機能を有するのは、超高速度で計算し超迅速にものごとを判断するコンピューターによるものである。いま開発されている５Ｇは、「二時間の映画をわずか三秒でダウンロードできる」といわれている。さらに６Ｇの開発が目指されている。これは科学・技術の巨大な発展であるが、人間の全知能をもＡＩが代行することはできない。なぜならＡＩに情報を教えるのは人間であるという原理的限界があるからである。

ＡＩと「人間社会」

それではこういうＡＩが人間社会にどのような影響を与えるであろうか。本書の主題である生産性からみるとどういうことがいえるだろうか。

ＡＩは生産性を革命的に高める技術である。日立製作所は「いまあるＡＩ」により、生産行程を一八〇日から九〇日に短縮した。銀行はいまの人員の半数で業務をこなせるといわれている。

ここから二つのことがいえる。

一つは、この技術が生産過程に導入され生産力を高めれば、経済規模を新たに拡大する可能性が生まれることである。しかし、ＡＩが資本主義的に充用されれば、この可能性は膨大な失業と地球環境破壊に転化する。

もう一つは、生産性を第五章で述べた真の生産性として充用する「新しい社会システム」をつくるならば、労働時間の大幅短縮・地球環境の保全を実現できることである。ＡＩのもつ可能性を真の「人間的社会」に転化することができる。

ＡＩ問題はこのように従来の科学・技術の発展よりいっそう大規模に資本主義の矛盾を暴露し、体制選択にかかわる重大な問題を提起している。ということは、ＡＩの発展が資本主義的生産諸関係と矛盾し衝突していることであり、まさに『序言』のいうとおりの事態が起こっているということである。しかしＡＩは生産性を著しく高める技術であり、それを「新しい社会システム」で経済発展のための生産力として使うならば、資本主義と同様に地球環境を破壊していくことになる。生産力の発展を基軸にした『序言』の今日的意味が鋭く問われることになる。以上の立場からＡＩと社会構成体をめぐる二、三の特徴的な議論をみてみたい。

２、『序言』とＡＩについて

マルクス主義者のあいだで社会構成体の視角からＡＩ時代についていろいろな議論がある。社会主義は市場経済にかわる計画経済であるが、ＡＩを活用すれば、正確な計画を立て、需給関係を調整し、計画経済を実際に可能にするのではないかとする議論がある（かつての「コンピューター社会主義」論が思い出される）。しかし、ＡＩによって細かく計算し、計画を立てることができたとしても、それは高度な管理社会をつくることになるだけであり、社会主義ではない。

これとは別の角度からだが、やはりＡＩが社会主義の生産力的基盤になるという主張がある。慶應大学教授の大西広氏は、資本主義の生産力的基盤は機械制大工業であり、「社会主義の生産力的基盤」は「人間に残された唯一の労働を『精神労働』のみとする可能性」をもっている「ＩＣＴ・ＡＩ技術」であると主張している（共著『中国は社会主義か』かもがわ出版二〇二〇年）。

私は、現在の資本主義の機械制大工業のもとでも社会主義の生産力的基盤は十分準備されていると考えているが、それはそれとして、氏の主張は『序言』をどう読むかにかかわる問題点をえぐり出していると思う。『序言』は生産諸力の発展段階に照応して生産諸関係が決まるとしている。機械制大工業が資本主義の生産力的基盤であることは確かである。それでは社会主義の生産力的基盤は何かを規定しなければならない。氏の主張は、『序言』が示す史的唯物論の方法論としてはまったく正当である。

マルクスは社会主義・共産主義社会の生産力とは何かを語ったことはない。「資本主義は機械制大工業、社会主義はＸ」といった基準を定めたことはない。ということは、マルクス自身が『序言』とは違う立場から社会主義への移行を考えていたことになり、『序言』自身の正当性が問われることになる。ＡＩなどを想定しえる時代ではなかったといっても、それは正当化になりえない。『序言』どおりにいけば、何か機械制大工業以外のＸを想定しなければならないはずであるからである。したがって、従来の機械とは質的に違ったＡＩが社会主義の生産力的基盤になるとすることは、成り立ちうる想定であると思う。もっとも氏は日本での「ゼロ成長論」の嚆矢の一人であるので、「生産力的基盤」といっても物質的財貨拡大を目指したものではないと私は理解している。

いずれにせよ氏の主張は、先進国革命が遅れているなかでＡＩが登場してきたので、その論理的帰結としていえるのであって、資本主義から社会主義への移行に生産力の絶対的基準があるわけではないという考えもありうると思う。資本主義から社会主義への移行を『序言』どおりに考えなくてもいいのではなかろうか。

これとは別の話だが、ロシアのマルクス主義者のなかでかなり流布されている議論に、「情報通信技術革命」をまたずに社会主義革命をおこなったところにソ連崩壊の原因があったとする主張がある。これはまったくの「生産力至上主義」に立って、「後追い的」にものごとを判断した議論にすぎない。なぜソ連で「情報通信革命」ができなかったかを検討することこそ重要である。

3、メイソンの「ポストキャピタリズム」論

次に、マルクス主義者ではないが、ＩＣＴ・ＡＩに「ポストキャピタリズム」社会を求めているアメリカの経済ジャーナリスト・ポール・メイソンの主張をみてみよう。

「情報技術による経済は、資本主義と共存できないのです」

メイソンの主張はこれにつきるが（斉藤幸平編・前掲書、以下、同書）、その理由は次のようなものである。

①産業革命以来のモノづくりは限界に達している（「限界費用の逓減」）。「多くのモノやサービスが無料になっていく」。

②そこで次に経済活動のなかで「情報技術の発展が非常に重要」になった。ところが「情報技術」も「飛躍的に実用性・効用を増大させ」ると、モノやサービスの価格を「ゼロ」にする。

③こうしてモノづくりでも情報生産であろうと「あらゆるところで利潤の源泉がなくなれば資本主義はこれ以上、資本を増やすことができないのだから、終焉を迎えることになる」。

④また科学技術とは「知識」であり知識は私有できない。私有でもなく国有でもない「誰にも所有されない生産物」を生産することが経済の主流になれば、「資本主義の終わり」である。

⑤ＡＩはケインズ主義国家でもなく社会主義でもない「民主的に共有され管理される社会的な富」である「コモン」というものを生む。しかしなお、国家はＡＩ規制のために必要である。資本主義はそのような「ポストキャピタリズム」社会に移行する。

メイソンをどうみるか

メイソンが、資本主義とは手をきる「ポストキャピタリズム」を模索していることの意義は大きい。さらには、「コモン」という概念によって「ポストキャピタリズム」を表そうとしていることも、ある新鮮さをもって受けとめられるであろう（もっともメイソンは「コモン」をあまり多用していないが前掲書に太く流れる考えである）。またメイソンが、科学・技術の発展によって新しい生産様式の要素が生まれていくことを説いているのも重要である。われわれは往々にして生産手段の高度化がもたらす社会的変化にあまり注意を払わない場合がある。しかし同時に、メイソンにも批判されてしかるべき諸点がある。

第一点は、従来の機械による生産でも情報通信技術を主流とする生産でも、産出されるモノやサービスが無料になっていくという問題である。利潤率の傾向的低下の法則により資本主義的生産様式では利潤率が低下していくことは事実であり、限界点までくることを想定するのは真理に反することではない（ここでは利潤の絶対量が増大することは捨象する）。しかし資本主義制度のもとでモノやサービスが「無料になっていく」ことはありえないし、そう結論する論理が明確ではない。資本がＡＩに熱中するのも資本蓄積の活路を見出すためである。それが「ポストキャピタリズム」を準備することになるが、それは資本にとっては結果であり、目的は利潤追求であることに相違はない。四大ＩＴ企業・ＧＡＦＡの株式時価総額合計は三三〇兆円であり、日本のＧＤＰ五〇〇兆円の三分の二以上である。ＧＡＦＡが出す情報によってモノが無料に近ければ、このような資産が生まれるわけがない。誇張は非科学に転化する。

第二点は、知識は私有できないとしている問題である。これは目新しい議論ではなく以前から主張されていることである。しかしここで問題になるのは資本のもとでの知識であり、また資本のための知識労働である。個人がもつ知識ではない。メイソンは、知識と情報を操つり莫大な利益を得ているＧＡＦＡは、「大資本による独占」であり、「ポストキャピタリズム」への移行に「抵抗する動き」であるという。これはみずからの誇張の弁解であるとしか読めない。実際にこの移行を実現するためには、大独占資本の「抵抗」を打ち破らなければならない。科学・技術が発展すれば、国有でもなく私有でもない新しい社会がくるかのようにいうことは無理が多すぎる。以前からこの議論をする論者がいおうとしていることは、「生産手段の社会化」は、昔流のスターリン主義的社会主義論であり、別の社会主義をつくる必要があるという点にある。ここでは生産手段の社会化には多様な形態があり、スターリン流の国有化一本やりが社会主義ではないことだけを述べておく。

第三は「コモン」についてである。メイソンはあまり具体的なことを語ってはいない。「コモン」をとなえる別の斉藤氏との対談者（マイケル・ハート）によると、ベルリンで電力システムの国有化がおこなわれていたが、それが民営化され、いままた公的所有化が問題になっているとのことである。その再公的化は、国有財産でもなく私的財産でもない「市民団体」による「民主的管理」であり、これが「コモン」だとしている。

コモンがもし具体的にはそういうことであれば、日本でも戦前活躍した片山潜を含む初期社会主義運動の先駆者達は、都市の電気・ガス・水道・交通機関・公園などの「私有」ではなく「市有」を主張し、「都市なる唯一の理想は、市民全体の都市たらしむるにあり」（片山潜）として、「都市社会主義」をとなえ奮闘したことを想起しておきたい（太田英昭『日本社会民主主義の形成』日本評論社 二〇一三年）。

ベルリンの例を興味あるものとしてみるが、それだけでは社会全体を変えることはできない。メイソンは「企業、非営利団体、協同組合、相互組合あるいは『コモン』を基礎にした」システムの重要性を強調している。私も資本主義の胎内で生まれる非資本主義的諸要素が発展していくことを重視していることは先に述べたとおりであり、また他の拙著でその意義を論じている。この点ではメイソンと同じである。ただ「小さいこと」（メイソン）から始めるのはいいが、企業のうちの私的大企業をどのようにして「コモン」にするのか、その構想がないと「ポストキャピタリズム」も依然として主流は「キャピタリズム」にとどまってしまう。もう少し具体性が欲しいというのが率直な感想である。

なお、いま「未来社会」を語るとき、「コモン」と同様に「アソシエーション」とよくいわれる。ではそれは具体的にはどういう形態をとるものかという点になるとはっきりしない。数年前のことであるが、「マルクスのアソシエーション」といえばすぐ思い出される著名な学者の講演を聞いた。質疑応答に入ってそれは具体的にどういう形態をとるのかと質問したところ、それは政治家が考えることであり、学者の仕事ではないという答えが返ってきたのには驚いた。

4、「非物質の生産」と社会主義

最後に、エレクトロニクス産業の技術者である平松民平氏の「非物質の生産と社会主義」という論点についてみてみたい（参照論文「大工業からＡＩ、ＮＥＴ革命へ」（二〇一九年「基礎経済科学研究所」大会での報告、及び「非物質的代謝による生産＝情報財の生産について」（『マルクスと21世紀社会』収録 本の泉社 二〇一七年）。

ＡＩの基本となる情報は非物質であることに間違いはない。氏はマルクスの時代に情報が経済学で問題になることはなかったとしている。確かに『資本論』では一行だけ「報道、手紙、電信」は価値を生む生産過程と結びついているという指摘はあるが（⑤八七ページ）、それ以外にはなにも述べていない。しかし現代では違う。

先にＧＡＦＡの株式資産総額の巨大さにふれたが、『ＩＴ人材白書』（二〇一七年）によれば、二〇一六年の日本におけるＩＴ産業の企業数は三万〇〇五二企業であり、雇用者は一四二万八一六四人に達している。経済産業省が発表した二〇一〇年の広義のＩＴ技術者では、一一九万四八九〇人なので、『白書』と符節している。また二〇三〇年には七九万人のＩＴ人材が不足するとのことである。経済学はモノの生産を扱う学問であるからとして、この産業部門を経済学の範疇から外すわけにはいかない。こうして平松は「経済の主役が物質的モノづくりから、情報・サービス業へと移りかわりつつある」とさえ述べている。

そこで「非物質の生産」とは何かということになるが、私の認識の根底にあるものをまず述べたい。以前は情報は基本的には本から得た。本をつくるには本を書く人の労働が必要である。それに印刷、製本の労働が必要である。それがＩＣＴの発展により、本の替わりにパソコン、スマホ等から情報を得るようになり、出版界は大きな困難に遭遇することになった。しかし原理は同じである。情報という非物質をつくるための労働が必要であり、また情報を送り保存する器をつくる労働が必要である。したがって、非物質の生産といっても、人間労働が必要という点では変わりがない。しかし便宜性・実用性という点ではパソコン、スマホその他のほうが圧倒的に有利であり、そのこと自体が価値でもある。以上の理解に氏も異論はないと思うので、その上に立って氏の論点をコンパクトに整理してみると次のようになる。

技術者の目からみる情報

(1)「生産物一般を物質と情報の統一物として把握する」――『資本論』でマルクスは、建築師は小室を蝋で築く以前にすでに頭の中で築いていると述べている（②三〇五ページ）。モノをつくる以前に「頭の中での設計図」すなわち「情報の生産」がおこなわれている。脳内でつくられた情報が外にでて、様々なモノの形になって固定されることになる。したがってマルクスの時代でも生産物一般は「物質と情報の統一物」であった。『資本論』の時代には非物質としての情報はまだ認識されていなかったが、ことの本質は同じである。非物質的生産といっても人間労働は必要であり、マルクスの労働価値説は生きている。

（2）しかし違う点がある。「情報が商品として独立する」――道具（例えばカンナやノミ）の「使い方」を職人は取得している（職人が主体）。産業革命による機械の導入によって職人の技は自動機械にとって代わられる。「道具の使い方」は後退し機械に置き換えられる。人間が機械に使われる主客逆転が起こる。しかし一九六〇年代に発達したコンピューターの出現により、「使い方」は「プログラム」としてコンピューター言語で記述されるようになる。こうなると「使い方」という非物質財が機械その他のモノから外れ、非物質財が「商品」として独立する。現代のモノの価値は実際には非物質が大半を占めている。「情報は生産効率性を上げるというより、価値形成の主役になった」。

（3）「社会主義への水路」――情報は非物質であるので「誰も所有できない」のであり、したがって「所有なき財」である。リンゴは食べればなくなる。情報は「分けても使っても減るわけではない」。非所有とは権力的支配関係が意味をもたないということである。ソ連等の「社会主義」は所有を資本家から国家あるいは政権党に移し強力な権力をつくった。非物質財の生産にもとづく社会主義は、「権力基盤が生じない社会主義」へのアプローチである。これは政治闘争抜きの社会変革を想定するわけではなく、また社会変革は人間の意志で自由に選びとることはできないという史的唯物論の適用である。ここに「非権力的な社会主義」への「水路」が見えるのではなかろうか。「社会主義は資本主義とは異なった生産力基盤のうえに築かれるとすれば、それは情報の生産を中心とした生産力基盤ではないだろうか」。

（4）「ＡＩについて」――人間を越えるＡＩによって人間の生産的労働が代替されることは「文明の一つの肯定的な到達点」である。しかし、それはマルクスのいう「自由の王国」のことである。資本主義のもとで「労働が消滅」すれば「大量失業と少数超富裕層への分断」が起こることは明白である。ＡＩを待たずとも現在のＩＴＣ技術の発展によって「深いレベルまでの知的作業」と「労働時間の無限小」化が可能であり、現実には「人工知性」より「人間知性」の結合が重要ではないだろうか。『資本論』ではモノで媒介された「労働の有機的結合」であったが、今日ではモノに媒介されない「知の有機的結合」がインターネットによって急速に進んでいる。

社会主義における政治と経済

平松論文はそのほか多くの論点をもっているが、本書の枠をこえるのでここでは割愛する。私は氏が（1）で「非物質の生産」といっても、生産物は「物質と情報の統一物」であり労働価値説は生きているとしていること、（2）で、しかし非物質が「商品」になり、それ自体が価値形成で大きな役割をはたすことになると指摘していることに賛成である。また（4）でＡＩの過度の評価に抑制的であることも同感である。

（3）の「情報の所有」問題、社会主義の生産力的基盤の問題についての意見はすでに述べた。社会主義への移行における政治闘争の必要性と、その社会主義が「非権力的な社会主義」でなければならないことが強調されていることは重要である。

ソ連・東欧の「社会主義」が失敗した最大の原因の一つは、まさに「権力的社会主義」のもとで労働者の労働への意欲・インセンティブが発揮されなかったことにある。ソ連・東欧ではこの問題を「物質的刺激」の問題に置き換え、もっと刺激を与えなければならいことがよく強調されていた。しかし民主主義が欠如していたことが決定的であった。

社会主義は国民的事業である。皆でつくるものである。ここで民主主義がなければ自発性は生まれるわけがない。よくソ連・東欧では生産手段の社会化はおこなわれたが労働者はその「管理・運営」に参加できなかったといわれる。このことは私も同意見である。しかしソ連・東欧の企業・工場を見学し企業運営について質問すると、企業運営会議には企業側ともう一方で労組だけではなく職場代表、女性代表、青年代表が参加して協議し運営しているという答えが大体の場合、返ってくる。形式的には民主主義制度がつくられている。

それでは何が問題なのか。それらの代表がみな共産党員であることである。意見が割れれば党会議を開いて裏で意思統一をはかる。これでは真の職場の意見は反映されない。ポーランドのクラコフにある同国最大の機械製作工場を見学した際、この問題を詰めてみたら、運営委員会からいかに共産党員（正式名称は統一労働者党）の数を減らすか努力中だと党の書記がいっていた。

政権党が一党支配し民主主義が欠如していると、職場でも社会全体でも労働者は偏った認識しかもてないだけでなく、企業の経済活動にも社会についても無関心になる。スターリン的抑圧政治の後のソ連をおおっていた雰囲気は無関心であり、それが蔓延していたということがいえる。これでは労働意欲はわかない。社会主義の経済は政治と無関係ではない。民主主義なくして社会主義経済なしである。

人類はいまだ社会主義に到達した国を知らない。これまでの「社会主義」は社会主義に至る前の過渡期でみな失敗し解体している。過渡期はマルクスが『ゴータ綱領批判』で述べた「政治的過渡期」である。政権党のあり方が決定的な意味をもつ。問題領域が少し違うが、「非権力的な社会主義」をめざすうえで、さしあたって討論すべき問題は多々ある。大西氏をふくめ大いに討論し意見交換をしたいと思う。

5、喫緊の課題としてのＡＩ規制について

ところで、体制選択の問題ではなく現実の問題にもどると、多くの論者が主張しているのはＡＩの規制問題である。これはＡＩ問題の要になると思う。早急に規制を確立する必要がある。

まず前提として、軍事転用があってはならないことはいうまでもない。ＡＩが人を殺すなどということは絶対にあってはならず、軍事転用の規制の確立は喫緊の問題である。また人間を格付けする「スコア社会」の問題、「超監視社会」問題等々あげればきりがない。ＡＩのもつ進歩の側面を肯定的に評価するものの、次の二点はＡＩ全体を通じていえることである。

第一に、ＡＩは安全が確立したものではないということである。ある専門家はよく例にだされる無人自動車について、実際には「突発的な事故の回避には限界」があるので、「遠隔地にいるオペレーターが監視し、緊急時には遠隔制御」ができるようにしなければならないと述べている（森川博之『5Ｇ　次世代移動通信規格の可能性』岩波新書二〇二〇年）。現在の４Ｇの能力では遠隔地から時速一〇〇キロで走るトラックのブレーキを踏んでも、タイムラグの影響でブレーキが作動するまでにトラックは一メートル以上進んでしまうとのことである。著者は５Ｇならそれを数センチメートルでブレーキが作動するようになると主張しているが、厳格な規制の確立が必要で

あることに変わりはないであろう。無人自動車にかぎらず安全性はすべての分野で求められることはいうまでもない。

第二に、ＡＩに膨大な情報を与えて学習させ判断能力をつけるわけであるが、情報を与える人の特定の政治観や価値観を学習させるなら、非常に偏ったＡＩが生まれるという問題がある。ある法律家は「設計者がどのようなポリシーや価値判断をもっているかという点が、実は、大問題になる。合理的な選択を促すといっても、何が『合理的』であるかという点について社会の中で意見が分かれる場合があろう」、「設計者が常に善意であり、かつ聡明な判断をすると仮定できるほど、現実社会は無邪気でない」（小塚壮一郎、前掲書）。

著者はそこで各国は興味ある態度をとっているとしている。アメリカは経済活動に政府は介入しないとしてルールづくりに関心がない。ＥＵは「法」ではなく「倫理」を策定し、日本は「原則」を提起しているが、それでいいのかという問題を提起している。

ＥＵ「倫理」は「人間の尊厳」、「個人の自由」、「民主主義、正義及び法の支配の尊重」、「平等、差別の排除及び連帯」、「市民の権利」を挙げている。日本の「原則」はあいまいでより抽象的である。著者はこういう「倫理」、「原則」だけでいいのかと問い、そうではなく近年の科学・技術のかつてない進歩にあわせた「法の大変革期」に「突入しつつある」のではないかという、極めて興味ある主張をしている。ＡＩロボットに「独立の人格」を与える法整備をし、ＡＩをよりよく規制するかしないのか、現行法の限界に突き当たっていると述べている。

われわれもまた「社会の大変革期」に突き進んでいかなければならないという自覚をもつ必要がある。生産性を著しく高めるＡＩの資本主義的充用は、大量の労働者と地球環境を犠牲にして、病める資本主義をまた延命させることになるかも知れない。しかしそれは悲劇的結果を生むことを非マルクス主義者も主張している。われわれは資本主義の終焉か永続かが真に問われる時代に生きている。マルクスのいう生産性を、「人間性にもっともふさわしい」、そして「自由」を保障する本来のものに変える人間的社会へと進まざるをえない時代に生きていることに相違はない。

おわりに

若い世代が多く集ったシンポジウム「次世代にどのような社会を贈るのか?」で、一人のシンポジストが会場にいる参加者に、これまでにどのような勉強をしておけばよかったかという質問をした。結構多くの手があがった。哲学、人間的なものとは何か、農業（自然と人間の関係）といった答えが返ってきた。明かに若い世代はものごとを根底のところから考え直してみたいと思っている。換言すれば自己責任を追及され、自分を惨めに思い、自己否定に陥りそうになっても、それに砕けるのではなく、人間であることを何よりも重視し、「個の確立」を強く求めていることが分かる。これが世の中を変える力である。

日本の憲法第一三条は次のように述べている。

「すべて国民は、個人として尊重される」

憲法がこう宣言していることは、マルクスの思想とともに、もう一つの重要な武器である。憲法はつづけて次のように述べている。

「生命、自由及び幸福追求に対する国民の権利については、公共の福祉に反しない限り、立法その他の国政の上で、最大の尊重を必要とする」

人間をも支配しかねないＡＩ時代がこようとしているとき、憲法を生かすことによってマルクスが目指した新しい社会をともにつくっていきたいと思う。

補論
遅ればせのハーバーマス論

ユルゲン・ハーバーマスの影響力は大きい。ところがハーバーマスの議論は、「まえがき」で述べたとおり、学界は別にして政治諸勢力のなかでは検討されずにきた。そこで遅ればせながらハーバーマス理論を検討したい。

ハーバーマスは一九二九年にドイツのデュッセルドルフに生まれた。優れた才能をもった彼は、第二次世界戦争後の早い時期から頭角を現し、一九六二年に『公共性の構造転換』と題する本を出版した。これは当時、高揚していたヨーロッパの学生運動や広範な人々の関心をあつめた。この本で展開された理論にもとづくならば、ハーバーマスは一九八九年のベルリンの壁の崩壊、東欧「社会主義」の崩壊を予測していたことになる、とされた。そこで一九九〇年にハーバーマスは極めて長い「序言」をつけ同書の新版を出版した。

ハーバーマスもドイツの哲学的風土の伝統を受け継いだためか極めて難解である。しかも彼の論点は多岐にわたるし、著作も多い。本稿は社会変革の問題に絞って検討する。まずは可能なかぎり分かりやすく彼の論点を纏めることから始めよう。

1、ハーバーマスの新規な視角の積極性

ハーバーマスは人間社会は国家（政治）と社会（経済）だけから成り立つものではないという。もう一つ、言語がある。彼はこれを特別に重視する。人間は言語活動によって初めて結ばれるのであり、言語は政治からも経済からも独立した「私的」な領域をつくりだす。これを彼は「市民的公共圏」と呼ぶ。

「市民的公共性は、国家と社会の間の緊張場面に展開されるのであるが、それ自身はあくまで私的（民間）領域にぞくしている。市民的公共性はこの二つの圏の分離を基盤としている」（『公共性の構造転換』新版刊行、一九九〇年 邦訳は一九九四年 未来社 以下、同様）

しかも、この「市民的公共圏」は社会変革の主導力になる。「市民的公共圏」は古代ギリシャ時代から存在するが、封建制から資本主義への移行期には次のような形で表れ、移行の主導力を演じた。

「市民的公共圏」は「喫茶店やサロンや会食クラブという形で施設化され」、そこで各種の意識が表明され交換され、「くずれゆく宮廷的公共性の名残りと新しい市民的公共性の先駆けとの間に、橋を架ける」ことになった。ハーバーマスの言語論の極めて難解な議論を具体的な言葉で言い表すとこのようなものになる。

そして資本主義の発展とともに「市民的公共圏」のなかで文学・芸術が発展し、また新聞・雑誌等のマスメディアが登場してくる。さらに政治結社が生まれ、封建的な「身分的議会」に代わり、「大衆を基盤」とする議会が成立する。これらの変化にともない、経済的には「商品所有者がいよいよ自律」していき、「市民革命」が成功して「自由主義モデル」の社会が完成した。

以上のことを一言でいえば、国家と社会から独立した「市民的公共圏」のなかで形成される「市民の言論」力が社会の進歩を促した、ということである。

労働者階級と市民との関係

それでは階級関係はどうなるのであろうか。資本主義制度のもとで形成される労働者階級はどこにいるのであろうか。ハーバーマスは階級を否定はしていない。しかし労働運動だけを社会運動の中心に置くならば、「市民的公共圏」に存在する他の種々の運動を排除することになるという。

「いずれにしても、『市民社会』の制度的な核心をなすのは、自由な意思にもとづく非国家的・非経済的な結合関係である」とされる。市民社会には各種の組織がある。「教会、文化サークル、学術団体、独立したメディア、スポーツ団体、レクレーション団体、弁論クラブ、市民フォーラム、市民運動、同業組合、政党、労働組合、オールタナティブな施設」である。したがって労働運動だけを中心に置くわけにはいかない。労働者自身も「都市化」され、生活スタイルも変わるし、

「さらに労働から解放される時間の増大にともなう大量消費への転換といった長期的傾向の流れ」も起こっている。

旧来型のマルクス主義者なら、こういう議論はマルクスの理論から外れているとして、厳しい批判の対象となるであろう。しかし、労働者自身の変容を含めてこういう現象が現実にあることは事実であり、認めざるを得ない。

実際にハーバーマスは、ベルリンの壁の崩壊、東欧諸国の崩壊という「革命を先導したのは、教会、人権擁護団体、エコロジーやフェミニズムの目標を追求する反体制サークルといった自発的な結社であった」と述べている。これは事実である。旧東ドイツで変革の口火を切ったのはライプチヒの教会であった。変革運動に参加したのは労働組合でも政党でもなく、それらから独立したいわゆる市民であった。

私はこのように、各種の社会階層ごとの異なる意識と組織を重視することは、政治変革のうえで必須のことであり、見落としてはならないことであると考える。ただただ「労資対決」に変革の本流があるといっていても、それを軸に社会が動くという現象は久しく起こっていない。これは事実であって否定しても意味のないことである。社会変革の事業を考えるとき、また変革の主体形成の問題を考えるとき、ハーバーマスの「市民的公共性」、「市民的公共圏」という新規な概念は確かに積極的意味をもっていると思う。

社会の「再封建化」

ところで、『公共性の構造転換』が書かれた一九六〇年代は、ヨーロッパも高度成長期であった。そこで「福祉国家」(旧西ドイツでは「社会国家」と呼ぶ)が形成された。ハーバーマスは福祉国家の成立は国家の活動を肥大化させ、「市民的公共性」にも大きな転換をもたらしたという。それは以下のようなことである。

「国家が計画、分配、管理という形で社会運営に干渉してくる」ようになった。また労働者は福祉国家の成立により生活上の安定を得て「中性化」した。ハーバーマスはこれを、労働者が国家の「クライアント」(顧客)になったと表現する。それによって国家が肥大化し、経済や社会的分野に干渉する「後期資本主義」が成立したとする(ハーバーマスは「国家独占資本主義」を「後期資本主義」と呼ぶ)。

一方、「市民社会」のなかでも変化が起こる。政党が「官僚的装置をもち、広範な選挙民大衆のイデオロギー的統合」を志向するようになる。新聞・雑誌も大規模化し、全国的規模のものになり、「メディア権力」を形成するようになった。

彼は、こうした事柄は「市民的公共圏」で大衆が議論して意見交換し、国家、社会に影響を与えていくという性格を喪失させ「市民的公共性」に構造的転換をもたらしたという。これを「社会の再封建化」だと呼ぶ。『公共性の構造転換』は以上のようなものである。「再封建化」を導きだす土台となるヨーロッパの戦後史に関するこのような認識は、かなり大雑把なものであると思う。ヨーロッパ福祉国家は、国家の意思により自動的につくられたものではなく、労働者・市民の運動の力を抜きにしては考えられない。しかしハーバーマスは以上のことを一層理論化しようとする。

2、ハーバーマスと史的唯物論

彼の最大の理論的集大成とされているのは、一九八一年に出版された『コミュニケイション的行為の理論』（邦訳 未来社一九八五年）である。これはマルクスの史的唯物論に自己の思想を対置するために構築されたものである。その大筋をみてみよう。

人間行為の根源は言語

マルクスは人間活動の根源は「生活手段の生産」であるとしたのに対し、ハーバーマスは「人間のもっとも根源的な行為」は言語活動による「コミュニケイション的行為」であり、言語が人間関係をつくると主張する。続けて「社会では、（各人の）行為を相互に調整する必要性」が起こるが、それは言語活動によって「了解という行為を経て調整され」、「互いに了解し合う相互人格的関係のレベルで（調整が）達成できる」という。「わたしがコミュニケイション的行為と言うのは」、このことを意味しているという。

何事も初めに何を置くかは難しい問題である。マルクスも「言語は意識と同じくらい古い」といい、言語は「他の人間たちとの交通の欲求や必要からはじめて生まれる」と述べている（『新訳　ドイツ・イデロギー』三八ページ　新日本出版社）。しかし、後でその理由を詳しくみるが、マルクスは言語に人間活動の根源を求めることはしなかった。

「生活世界」と「システム」

次に言語を介してできる人間関係がつくりだす社会とは何かという問題が起こる。ここでハーバーマスは「生活世界」と「システム」という概念をつくる。これは言語とともに彼にとっては基礎的概念となっている。

「システム」のほうは比較的簡単で、「国家」と「経済」のことをさしている。「国家」からは官僚、軍人、裁判官等々が、また「経済」からは資本家、賃労働者、経営組織にまつわる管理者等々という階層が生まれるといっている。

それでは「生活世界」とは何か。これが難しく、ある解説本を読んでも、掴み所のない「曖昧な」概念としている（中岡成文『ハーバーマス』ちくま書房 二〇〇八年）。そのことを前提にしたうえでのことであるが、ハーバーマスは「生活世界は『いつもすでに』そこにおいてコミュニケイション的行為がなされる地平である」と述べている。「地平」というのであるから、コミュニケイション的行為が成立する「地上の場所、領域」ということになる。ただし国家が介入しない「私的な公共圏」を意味している。

さらにハーバーマスは、コミュニケイション的行為を成立させるためには知識が必要であるという。ハーバーマスは知識を「文化」と表現し、「文化とは知のストックのことであり、コミュニケイションの参加者たちは、世界におけるあるものについて了解しあうさいに、この知のストックから解釈を手に入れる」と述べている。

纏めていえば「生活世界」とは言語活動をおこなう私的領域であり、言語活動に必要な「知のストック」をそなえた領域ということである。

ところで、何のためにこのような「生活世界」と「システム」という二分化をするのであろうか。それは彼にあっては人類社会の発展史を捉えるために必要な概念なのである。「生活世界」の原初的形態は家族であり部族社会であるとして、次のような人類社会の発展史を描く。

部族社会の「生活世界」と「システム」

「部族社会では生活世界が社会の根本的構造をなしている」。そして「知は、その参加者の間では一致したものとして貯蔵されている」。みなが「集合意識」をもっており、「共通の経験的足場」をもっている。なぜなら部族社会の「中核をなすのは家族」であるからだ。この社会の役割分担は性、世代、血だけで決まる。

したがって部族社会は「友好関係にある」。「文化」的には「神話の世界にあり、神話的世界観が人を律している」。この「親族的システムから疎遠であるような社会的集団はまったく存在しえない」。そのため「国家的制裁」に頼る必要はない。これが本来の「生活世界」である。

しかしこの世界の発展とともに分化が起こる。性、世代、血による役割分担ではなく、分業が発展していく。部族間交流が発展するとともに、部族社会内部でも交換関係が生まれる。分業と交換の発展によって「組織力と交換関係の制度化（システム化）が必要になる」。かくして「親族関係」とは相容れない「国家とシステム」が成立する（システムとは国家と経済のことであった筈であるが、ここでは国家とシステムに分けられている。こういう点がハーバーマスは曖昧であり、したがって難解なのである）。

いずれにせよ、このようにして「生活世界」は「システム」によって分断され、部族社会から「伝統によって組織された社会（位階化された部族社会のこと――引用者）、国家として組織化された社会（奴隷制、封建制社会――引用者）、（徹底的に分化した経済システムをもつ）近代社会（資本主義社会――引用者）という社会的進化の段階」が生まれるとしている。

ハーバーマスはここへきて、自説とマルクスのいう「土台・上部構造」概念との「類似が生じてくる」という。分業、交換（市場）の発展とは経済的土台の変化・発展であり、それが「社会的進化」を促し、上部構造をつくっていくからである。確かにマルクスの史的唯物論と大筋で一致しているといってさしつかえはない。

ハーバーマスにとっての「土台」と「上部構造」

しかしハーバーマスはマルクスは間違っているという。なぜならマルクスの近代市民社会（資本主義社会）批判は、階級対立の基礎となる「生産関係批判として開始される」からだという。マルクスは「生活世界の歪曲を物質的再生産の条件にもとづいて説明しようとする」という。それがなぜいけないのか。

ハーバーマスにとっては「土台」はあくまで言語活動・コミュニケイション的行為であるからである。「生活世界」はそこから生まれる。マルクスの視点は、「生産関係」とそれにもとづく「物質的生産」というだけの、狭いものになっている。このような「唯物論的アプローチ」は文化、教育、専門的諸問題など「文化的行為（科学、法、芸術）」が生みだす多様性を捨象してしまうことになるという。

このことは「国家」をみる場合も重要な側面を見落とすことになると主張する。国家を維持するためには、その「正統化の必要性が生じてくる」。部族社会では「神話的物語」でたりたが、それ以後の社会では支配秩序を正当化しうる国民的合意が必要である。すなわち「国民の相互主観的な承認」が必要であり、「了解」という概念の導入が必要になってくる。「了解」は「言語活動」（コミュニケイション的行為）によって達成される。

かくして、「生活世界とシステム」概念のほうが、マルクスの「土台と上部構造」概念より「相互関係」がはるかに強いという。土台が崩れれば上部構造も崩れるというわけではない。ここから社会変革の実践的意味を問う問題がでてくる。

3、社会変革のための主体的・実践的活動について

それではハーバーマスは変革のための実践活動をどのようにすすめようとするのであろうか。まず第一に実践活動の主体はどこにあるのかという問題がある。それは「市民」だという。

すでにみたように、『公共性の構造転換』では、資本主義が「後期資本主義」（国家独占資本主義）段階に入ると、国家が経済や国民生活に干渉するようになり、「市民的公共圏」が喪失し、社会の「再封建化」が起こるとしていた。それから二〇数年たった『コミュニケイション的行為の理論』では、このことを「システムによる生活世界の植民地化」と表現している（この表現は日本では好んで使われている）。この「後期資本主義」では「福祉国家」（社会国家）が成立している。そのため「階級闘争は沈静化」し、労働者は「中性化した公民（市民）」となり「プロレタリア的特徴は失われていく」。実践活動の主体は、労働者ではなく「市民」となる。

したがって第二に、「新たな闘争の可能性」が追求されなければならない。そのさい二つのことが重大な障害となっているという。

マルクスが障害になる

一つは、マルクスの価値論から生まれる障害である。マルクスは商品の使用価値から出発したものの、蓄積過程にあらわれる「階級関係の神秘性」をあばくことに問題を還元した。それは国民の「労働世界」へ、国民の「プロレタリア化」へ還元されていく。こういう価値論のもつ「決定的な欠点」は、賃労働と資本という「基本矛盾」をみる場合でさえも「収奪」しか見えず、使用価値のもつ普遍的意義や階級闘争の沈静化といった側面を見失い、収奪を「過度に一般化」してしまうことにある。これでは「後期資本主義」はエンゲルスが『イギリスにおける労働者階級の状態』で詳しく説明し、マルクスがそれを「疎外された労働世界」として概念化したような資本主義ではなくなり、まさに「マルクス主義者であればいらいらするに違いないような」状態が生まれたことが理解できなくなる。資本主義のもつ多面的な「固有価値」が無視されてしまうからだという。

マックス・ウェーバーの官僚制

もう一つの障害は、マックス・ウェーバーが指摘する官僚制をどう克服するかである。ウェーバーは「近代的合理主義」は官僚制を生むとした。社会主義でも「近代合理主義」が追求され、必然的に官僚制支配を許す。社会主義によって人間が解放されることはないとした。したがってハーバーマスは「私的資本主義を廃止しても、近代的産業労働の硬い鉄の檻を打ち砕くことにはならないであろう」という。「硬い鉄の檻」はまさに強固な官僚制的秩序である。「社会主義」は国有化と計画経済という極度に中央集権化された社会（「生活世界」が「システム」によって完全に植民地化された社会）となり、ウェーバーの主張を裏付けるような官僚制支配になった（ハーバーマスはソ連・東ドイツを「国家社会主義」と規定している）。

以上のことから「私的資本主義」も、近代的産業労働の「硬い鉄の檻」をも廃止する新たな社会を目指さなければならないと主張する。

4、次の社会にどのようにして至るか

そのためにはまず第一に「マルクスの欠点」から抜けださなければならないわけであるが、ハーバーマスは幸いに、今日の資本主義社会においては「階級闘争とはかかわりなく展開される新しい形の物象化現象」が表れているという。換言すると、高度資本主義は労使関係という生産関係

から生まれる階級闘争だけでなく、その枠外で蓄積される諸矛盾が引き起こす闘争の諸現象にも注意をむけなければならないということである。それは具体的には東ドイツ崩壊以前の西ドイツの現象として以下のような運動として現われている。

（イ）反核と環境保護の運動、（ロ）平和運動（南北運動を含む）、（ハ）対案提出者の運動（大都市における対案と田舎におけるコンミューンを含む）、（ニ）少数派（老人、同性愛、身体障害者等）、（ホ）いのちを救う運動グループや青少年の諸宗派といった心理世界、（ヘ）宗教的原理主義、（ト）税制異議申立て運動、父母連合による学校批判運動、「近代主義的改革」に対する抵抗、（チ）女性解放運動、（リ）地域的、言語的、文化的自立あるいは宗派的独立を求めて闘う分権主義的運動。

このような多彩な運動が起こっていることを考慮しなければならない。「新たな形式の協力と共同生活」の試みが必要である。それはもちろん労働者の運動の重要性を否定するものではない。「福祉国家」（社会国家）による「官僚主義的な給付」に反対し、この分野での「官僚支配」を打ち破る闘争は重要であり、また生産点での闘争がないにしても、消費者としての労働者のたたかいの重要性は増大しているというのである。

官僚制の克服について

ウェバーのいう官僚制をどう克服するのか。これは別の書『事実性と妥当性』（未来社二〇〇三年）のほうがよく分かる。一つは、「ラジカル民主主義」を強調し、「法治国家はラジカルな民主主義がなくては構築することも維持することもできない」という。議会制民主主義だけでは駄目だとする。もう一つは、国家について「市民的法治国家は外交・内政における安全保障だけをおこない、それ以外のすべての機能を国家的規制から全面的に解放された自己制御的な経済社会」に変えることだと主張する。外交と安全保障以外は「市民社会」の「自立性」にまかせるべきだとする。

結論として「生活世界」の原初形態では神話的物語で充分であったが、今日ではそうではない。コミュニケイション的行為の参加者が「公開性」の原則で民主主義的熟議をかさね、批判と自己批判をおこなう。この「新しい学習過程」を通って参加者が「了解」に達したとき、「生活世界の合理性」という「近代的世界理解」がえられるであろう。こうして「市民的公共圏」をとりもどし「了解」のうえに成り立つ社会にいたる。これがハーバーマスの社会変革の結論である。

5、ハーバーマスの理論的批判

私は本論で、今日の資本主義社会においては労資関係があるだけではなく、それでは律しきれない様々な階層があり、それに合わせて様々な意識があり、この点を無視しては広範な社会変革の主体を形成することはできないし、社会変革をおこなうこともできないと述べた。したがってハーバーマスの主張点はよく理解できる。しかも国際的に左翼諸政党は彼が提起した諸課題に部分的には取りくんできたものの、全体的位置づけはあまりはっきりとしてこなかったと思う。こういう評価の上に立って彼の幾つかの論点については批判的検討をおこないたい。

人間活動の原点を言語とすることについて

すでに述べたように何事も初めに何をおくかは難しいことである。それは頭のなかから捻り出す観念や教条（ドグマ）によって決まるのではなく、現実の事実によって経験的に確定されるものである。言語なしに人間関係を築くことができないのは当然であるが、それを人間活動の原点におくことには賛成できない。

なぜなら言語は他人と交じり合う手段であるが、人間はまずは生きなければ交じり合うこともできないからである。人間活動の根源はやはり言語ではない。

鳥類すらも敵から群れをまもるための合図をだす。身を守ろうとする意識がまったくプリミチブな「言語」として表れる。言語とは意識の表現である。この限りでは人間も鳥類や動物と同じである。しかし人間は生きるために必要な生活手段を生産する。鳥類や動物も生きるために本能的に働くが、人間は意識して自然に働きかけ、生活に必要なものを生産する。ここに人間と動物類との決定的な違いがある。人間が意識して生産労働をする段階に至るまでには、言語の発達が大きな役割を果たしたが、人間を人間にしたのはこの生産労働である。この労働なしには人間は生きていけない。生産労働こそ人間活動の原点である。

「生活世界」と「システム」について

ハーバーマスにとって「生活世界」とは言語活動の場であり、国家・経済が介入しない「私的な公共圏」のことである。国家と経済という「システム」はそこに干渉してはならず、「生活世界」の自律性が確立される社会をつくらなければならない。これがつまるところのハーバーマスの主張である。

私も、マルクスの『経済学批判 序言』が規定する「社会的諸意識形態」の領域があると考える。

それは、本論で述べたように、いまの先進資本主義社会のもとでは、階級闘争がもっとも激しく闘われている場としての「言論の世界」である。生産現場における労働運動の低調さは世界的現象であり、これは直視しなければならない。いつかは高揚するであろうなどと考えることは現実的ではないし能動的でもない。結局のところ、政治も社会も今日にあっては世論の動向によって大きく左右されている。ここで果たされる言論の役割は非常に大きい。

しかもそこで争われる思想・意見・立場は様々であり、土台としての資本主義経済制度→それを擁護する上部構造→それ（資本主義）を擁護する「社会的諸意識形態」という単線的なものではない。保守と革新、体制擁護と反体制等々の意識が合い交じりあっての闘争である。ここで勝てるか負けるかが現代では決定的に重要である。現代ではここから変革の主体が形成されるといえる。そう考えればハーバーマスの考えを理解できる。とくに近年、安倍・菅政権が国会の形骸化・マスコミへの干渉を強め、学問の自由を侵害し、アメリカではトランプがフェイクに基く政治を強行し「市民的公共圏」を否定してきたことをみるならば、このことは明瞭である。

ただ、ハーバーマスのいう「コミュニケイション的行為」がおこなわれているアリーナ（闘争場）は、決して「私的な公共圏」ではないことは述べておかなければならない。国家権力の介入、大企業の介入、マスメディアの介入、反動的知識人・学者の介入等々の場であることは、歴然たる事実である。それを「私的」な領域として設定し、階級関係と無縁の領域とすることはできない。本来は「私的であるべき」だと主張しても、それで現実が変るものではない。

この点でいえるのは、ハーバーマスが国家と経済について真剣に検討していないことである。紹介した主要著書をみても、国家論は本格的なものがなく、とくに社会の土台である経済論が極めて貧弱にしかでてこない。マルクスに対抗するために構築した理論とするなら、国家と経済の問題について自己の見地をマルクスと対置して示さなければならない。それがないために、問題は具体的でなく、「非国家的・非経済的な市民社会」をつくるということだけが強調されている。

結局のところハーバーマスのマルクス批判は、マルクス理論だけでは「狭い」という点につきると思う。もし彼のマルクス批判が、マルクスを教条的にとらえるマルクス主義者批判であれば、当てはまる部分がたしかにあると思う。しかし、マルクス自身、ハーバーマスがいうように「物質的生産関係」だけに関心があったわけではなく、科学・技術の問題にも、また使用価値の問題、文化・芸術の問題等々にも関心があった。古代ギリシャの芸術の素晴らしさは『序言』的社会構造論では説明できない別世界のものだとさえマルクス自身が述べている（『経済学批判への序説』『全集』⑬）。本文で述べた史的唯物論についてのエンゲルスの忠告をみても、ハーバーマスの批判はあたらない。

実践的問題について

ハーバーマスは、社会変革を実践的に進めるためには、労働運動にだけに関心をもち他の各種の運動を排除してしまうことがあってはならないとしている。それはそのとおりである。

しかしその際、現代資本主義では労働者はもはや闘いの意欲をもたないものに変容したかのように規定してしまうことはできない。理由は二つある。

いま労働者は分断されている。大企業の労働者の一部がエンゲルスがいうように「ブルジョア化」しているのは事実である。しかし非正規雇用労働者は雇用労働者の四割に達し、安定した生活の保障はない。ハーバーマスの理論は、一九六〇年代の資本主義の現実を反映したものだとしても、資本の本質は不変であり、非正規の問題は資本主義がもたらしたものである。彼はマルクス主義は資本の「収奪」を「過度に一般化」する傾向があるというが、非正規雇用労働者の問題は現実が生んだ大問題である。

第二に、ハーバーマスは労働運動以外のいわゆる市民的運動を重視しているが、これに参加しているのはまさに労働者自身である。現代の労働者は階級性と同時に市民性をそなえている。労働者と市民という別々に区分される人間がいるわけではない。確かに生産現場での闘争は停滞したままであるが、市民としての活動は大いに進んでいる。

マルクス主義は、本文で述べたように「開かれた学説」であり、一部のマルクス主義者に労働者の貧困化のみに注意を集中したり労働運動だけを重視する傾向があるにしても、マルクス主義は市民や市民運動のもつ積極性をみるのにやぶさかでないことはいっておきたいと思う。

マックス・ウェーバーについて

マックス・ウェーバーの提起については、マルクス主義の「空白」部分になっていることは率直に認めなければならない。マルクスもレーニンも、「革命後」の労働者については、ごく楽観的であった。レーニンは十月革命後にそのことに気づき、新たな模索を開始するが道半ばで死去した。ここでこれらの問題について私見を展開することは本書の枠を超えることになるので割愛するが、関心のある方は拙著『200歳のマルクスならどう新しく共産主義を論じるか』（かもがわ出版 二〇一八年）を参照されたい。

ただ一言だけ述べるなら、国家行政をおこなうには、その知識をもった「清廉な官僚」は必要である（「アソシエーション」でやれるといってもなんの具体性もない）。社会主義でもそれは必要であり、問題は「官僚」が国民の上にたち「官僚制」を形成しないようにすることである。そのためには彼らに物質的・社会的特権をあたえないことにつきる。

　また計画経済が必然的に膨大な官僚機構を必要とするといわれる。しかし、計画経済とは国民一人一人の必要な物財まで計算して計画をたて、生産をするものではない。経済活動の大きな道筋をたてることである。これは「二〇世紀の社会主義」の経験から明確になったことである。したがって「近代的合理主義」は膨大な特権的官僚制の出現を必然とするとして、社会主義を否定することはできない。

　最後に全体の纏めとして述べておきたいのは、ハーバーマスの理論は現代の資本主義社会のもとで、変革の主体を形成するうえでの重要な視点を提供したことである。しかし言語を基礎とした「生活世界」と「システム」（国家、経済）とが分離したため、言語活動は「システム」に間接的にしか作用しない。とくに土台（経済）との闘争がない。彼の重視する市民的運動も「システム」の周辺の運動にすぎなくなる。吉田傑俊氏（法政大学）がハーバーマスの積極面を評価しながらも、彼の理論では、「公共圏や市民社会」における「新しい社会運動も『特定の状況下において』政治システムに『影響』をあたえることに終わる」とし、その理由は市民社会が「非国家的、非経済的な共同決定」の場とされているにすぎないからであると述べているのは、正当な理論的指摘であると考える（『市民社会論—その歴史と理論』大月書店 二〇〇五年）。

ハーバーマスの「コミュニケイション的行為」の積極局的活用は重要である。同時に日本では政治勢力の運動と市民運動とが分化された状態が続いてきたが、いま政治と市民の共同が成立し発展しつつあることは、現実を変革していくうえで、実際の展望を開くものであることを強調しておきたい。

あとがき

私は本書を出版することに逡巡してきた。これまでのマルクス主義の常識に反することを書いたからである。〝問題にならない〟という声がすでに聞こえてくるようである。しかし書き終えて痛感するのは、資本主義後の「新しい社会システム」は資本主義の廃墟の上に築かれるものではないということである。資本主義が鋭い矛盾をかかえながら延命してきたのは、科学・技術が発展するたびごとにそれを利潤追求のために使ってきたからである。この際限なき循環は社会と地球を破滅に陥れつつある。これを阻止する鍵は科学の新たな発見とその技術的応用によってますます発展する「生産性」を社会のものにすることである。マルクスにもその思想があったことを確信した。「生産力」はモノをつくりだす諸力であり、それを競い合う時代は終わった。人間の欲望は無限だとして財貨の増大を追い求めるなら「生産力」は巨大な「破壊力」となる。廃墟のうえに新社会をつくろうとしても現代ではもはや遅い。これはひとり労働者の問題ではなく人類的問題であり、ヒューマニズムの問題である。このことを強く認識することによって迷いはとまった。

こう認識することは社会変革の主体は誰か、それはどう形成されるのかという問題を生む。ハーバーマス論は本書と関係がないと思われるかもしれないが、マルクス主義の最大の問題は歴史が示すように変革主体をどう形成するかにある。そこではハーバーマスはおおいに関係してくる。彼の積極面を評価しつつ、彼が史的唯物論を否定するので批判したが、積極面とはマルクス主義があまり注意を払ってこなかった側面を突いたことにある。資本主義社会の基軸は労資関係にあるのはいうまでもない。しかし文明の発展はその枠に収まらない分野・社会層を生むものであり、そこにも矛盾が蓄積されている。これを無視して変革はありえない。マルクス主義者はつねに新しく生じてくる問題を重視しなければならない。書いておいてよかったと思っている。

総じていえばマルクスの理論を基礎としながら、現代の新しい問題にどう向かっていくかを論じようとしたのが本書である。多くの異論があろうが、批判を期待しているところである。

二〇一一年二月

聽濤弘

資料　カウフマン訳『経済学批判　序言』

　ここに資料として掲載するカウフマン訳『序言』は、筆者が雑誌『ヨーロッパ通信』（1872年第5号　セントペテルブルグ）から直接訳出したものである。本文で説明したように抄訳である。

「私が自分を襲っていた疑問を解くために最初に試みた仕事は、ヘーゲル法哲学の批判的検討であった。私の仕事は次の結論に私を導いた。法的諸関係や、まったく同様に政治的諸形態は、もっぱら法律的、政治的基礎から導き出されたり説明されたりするものではないこと、さらにそれらをいわゆる人間的精神の全般的発展から導き出したり説明したりするのは、それに劣らず不可能であるということである。それらの根源はただ物質的な生活諸関係にあり、ヘーゲルがその総体を18世紀のイギリスとフランスの著述家の先例にならって呼んだ「市民社会」のなかにある。市民社会の解剖学は政治経済学に求めなければならない。政治経済学の研究が私を導いた諸結論は簡潔に次のように定式化できる。物質的生産において人々は一定の相互関係、すなわち生産諸関係に立たざるをえない。この生産諸関係は、つねに生産諸関係がそのときもっている経済諸力の生産性（傍線は訳者）の一定の発展段階に照応する。これらの生産諸関係の総体は社会の経済的構造すなわち現実的土台を形成し、その上に政治的、法律的上部構造が聳え立ち、またその土台に社会の一定の意識形態が照応する。このようにして生産様式は社会的、政治的、純精神的生活過程を条件づける。これらの諸過程の存在は人間の意識に依存しているのではないどころか、逆に人間の意識が諸過程に依存しているのである。しかし生産性（傍線は訳者）の発展の一定の段階で諸力（傍線は訳者）は人びと相互の生産諸関係と衝突するようになる。その結果、諸力は生産諸関係の法律的表現であるところの、すなわち所有諸様式に奉仕することと矛盾し始める。そのとき生産諸関係は生産性（傍線は訳者）に照応することをやめ、それを圧迫し始める。ここから——社会変革の時期が生まれる。経済的基礎の変化とともに、そのうえに聳え立つ巨大な上部構造全体が緩慢にか急速にか、その度合いはどうであれ変化する。この変革を検討するさい自然科学的に確認されなければならない生産諸条件の物質的転換と、衝突についての考えが人間の意識に浸透しそれをめぐる闘争が秘められた形でおこなわれる法律的、政治的、宗教的、芸術的、哲学的、一言でいえばイデオロギー的諸形態における転換とを、つねに厳密に区別しなければならない。われわれはある個人について、彼自身が自分をどう考えているかによって判断はしない。しかし同様に変革の時期についても、それそのものの自己意識によって判断してはならない。反対にその自己意識は物質的生活の諸矛盾から、また生産諸条件と生産性（傍線は訳者）の諸条件とのあいだの衝突から説明しなければならない。一つの社会構成体は、発展の余地を十分にあたえられている生産諸力（傍線は訳者）がすべて発展しきる以前にはけっして滅亡するものではない。新しい生産諸関係は、その存在の物質的諸条件が古い社会によって完全につくりだされていないあいだは、けっして古いものにかわって生まれることはない。それゆえ人類は解決に適した課題だけをみずからに提起する。注意深く考察すると、課題はその解決の物質的諸条件がすでに完全に準備されているか、あるいは生活によって準備されつつあり、それがこの準備にあたって思想によっても把握できるところか、ときにおいてのみ生じることをつねに示している。大づかみに考察してアジア的、古代的、封建的および近代ブルジョア的生産様式が、経済的社会構成体の歴史における累進的諸時代として看做すことができる。ブルジョア的生産諸関係は社会的生産過程の最後の敵対的形態であることをわれわれに示している。敵対的というのは——個人的敵対という意味ではなく、万人の社会的生活諸条件によって条件づけられたという意味での敵対的形態であるが。しかしブルジョア社会そのものの内部で発展しつつある生産諸力（傍線は訳者）は、この敵対を除去するための物質的諸条件をつくりだす。」

聽濤弘（きくなみ・ひろし）

1935年生まれ。京都大学経済学部中退、1960-64年に旧ソ連に留学。日本共産党国際部長、政策委員長を歴任、元参議院議員。主な著作に『中国は社会主義か』(共著、かもがわ出版、2020年12月23日)、『200歳のマルクスならどう新しく共産主義を論じるか』（かもがわ出版　2018年)、『ロシア十月革命とは何だったのか』（本の泉社　2017年)、『マルクスならいまの世界をどう論じるか』（かもがわ出版　2016年)、『マルクス主義と福祉国家』（大月書店、2012年）など。

マルクスの「生産力」概念を捉え直す
社会変革の新しい道筋のために

2021年3月30日　第1刷発行

著　者　ⓒ聽濤弘
発行者　竹村正治
発行所　株式会社　かもがわ出版
〒602-8119　京都市上京区堀川通出水西入
TEL 075-432-2868 FAX 075-432-2869
振替　01010-5-12436
ホームページ　http://www.kamogawa.co.jp
印刷所　シナノ書籍印刷株式会社

ISBN978-4-7803-1146-4　C0033